DIE GUANCHEN
Ihr Überleben und ihre Nachkommen

José Luis Concepción

1. Auflage Dez. 1983
22. Auflage Dez. 2003
23. Auflage Oktober. 2005
24. Auflage Mai. 2008
25. Auflage April. 2012

(Verleger: José Luis Concepción)
Titelbild: Manuel José Borges Ripoll

Druckerei: Ediciones Graficolor, S. L.
C/ Francisco Ramos, 75, Bajo Izq.
38320 La Cuesta, La Laguna
Tenerife - Canarias
Tfno y fax: 922 654 802
edicionesgraficolor@hotmail.com

Titel der Originalausgabe:
"Los Guanches que sobrevivieron y su descendencia"

Depósito Legal: TF 872-2008
I.S.B.N.: 978-84-920527-1-4

Asociación Cultural de las Islas Canarias
(Kultur-Gesell schaft der Kanarischen Inseln)

Meinen Kindern Armide und Benayga

INHALTS VERZEICHNIS

EINLEITUNG

Die Geschichte der Eroberung und Kolonisation der Kanarischen Inseln - ganz besonders die der am meisten bevölkerten Inseln - ist während langer Zeit von den Ansiedlern und deren Nachkommen zweckmässig manipuliert worden. In einigen Fällen hat sich dies bis in unsere Tage hingezogen. Dies hat dazu beigetragen, die historischen Tatsachen zu verschleiern. Als Beispiel können wir Viana zitieren, der, um seine fantastischen Gedichte zu verschönern, alles erfand was ihm gut dünkte. Wie dieser Autor haben auch andere Bezeichnungen benutzt wie "unser General" oder "die Unseren", wenn sie beispielsweise über Lugo berichteten; damit sollten die von den Eroberern begangenen Grausamkeiten vertuscht werden. - An und für sich sind solche Redensarten unwichtig, entscheidend aber ist, dass man die Namen der Eroberer hervorheben wollte, während man fast immer die unglückseligen Ureinwohner verächtlich machte. Wichtige Ereignisse wurden verschleiert oder gar nicht erwähnt, so dass wir heute nur ein bruchstückhaftes Wissen haben.

Mit dieser Arbeit möchte ich einzig und allein beweisen, dass die Rasse der Guanchen nicht ausgestorben ist, wie viele glauben. Die Sprache verschwand ebenso wie die Kultur und das sozio-politische Gefüge, aber das Wichtige - das Volk - blieb erhalten. Es ist nicht meine Absicht, etwa Beweise dafür zu bringen, wer mehr oder weniger Guanchenblut hat.

Die Mehrzahl der Kanarier weiss so gut wie nichts über die Guanchen. Meiner Meinung nach wurde dem Volk nicht genügend darüber berichtet, um das Interesse für diesen Teil der Geschichte zu wecken.

Dies ist ein Buch, welches, wenn auch nur in Form einer Zusammenfassung, die wichtigsten Aspekte unserer Geschichte festhalten will. So wird es jeder in kurzer Zeit lesen können und auf diese Art Grundkenntnisse erwerben, die jeder Kanarier besitzen sollte. Diejenigen, die sich näher mit diesem Thema befassen wollen, können es mit Hilfe des hinten angeführten Literaturverzeichnisses.

Im ersten Teil beschreibe ich in Kürze den Ursprung und die Sitten der Guanchen, da ich dies als eine Grundlage sehe für alle diejenigen, denen diese Dinge unbekannt sind. Dieser Teil dient auch als Vorkenntnis für das Kapitel vom "Überleben der Guanchen".

Im zweiten Teil beschränke ich mich auf die wichtigsten Geschehnisse während der Eroberung - insbesondere die Anzahl der Todesopfer.-

Im dritten Teil berichte ich mit so wenigen Kommentaren wie möglich über die vorhandenen Dokumente, die uns über die Guanchen und die mit ihnen im Zusammenhang stehenden Ereignisse aufklären können. Zum Beispiel: die Amtsenthebung der Gouverneure, die Gerichtsverfahren gegen Lugo und die Señora de Bobadilla, die Entschädigungen an die Ureinwohner leisten mussten; die Gründe warum sich manche Guanchen gezwungen sahen, ihren Ursprung zu verleugnen. Und am Ende gebe ich ein Verzeichnis über die Gewohnheiten und Sitten der Guanchen, die sich bis in unsere Tage erhalten haben.

ERSTER TEIL

DIE LEBENSWEISE UND DER URSPRUNG DER GUANCHEN

WIE WAREN DIE GUANCHEN?

Wir wissen, dass die Guanchen die Ureinwohner der Kanarischen Inseln waren; dies hat zu einem Missverständnis geführt, da einige es so verstanden haben, als hätten die Guanchen nur auf Teneriffa gelebt.- Sicher ist, dass die Einwohner dieser Insel Guanchen genannt wurden und zu Beginn der Kolonisierung wurden die übrigen je nach der Insel, von der sie stammten, Kanarier, Gomeros, Palmeros genannt. Es besteht jedoch kein Zweifel, dass alle Ureinwohner der Inseln einen gemeinsamen Ursprung hatten, daher kann man nun die Bezeichnung "Guanche" für die gesamte Sprach- und Kulturgemeinschaft verwenden.

Sie scheinen weder so gross noch korpulent gewesen zu sein, wie manche sich das vorstellen, Riesen waren sie sicher nicht. Es mag einige besonders hochgewachsene gegeben haben, aber im Durchschnitt waren sie das, was man heute mit mittlerer Grösse bezeichnet.[1] Es ist wissenschaftlich bewiesen, dass die Guanchen auf Gomera kleiner als die von Teneriffa waren, während die von Gran Canaria und Fuerteventura im Vergleich grösser waren.[2]

Sie setzten sich aus zwei Rassen zusammen: der Cromagnontypus und der mediterrane.- Frau Dr. Ilse Schwidetzky schreibt, der erstgenannte Typ habe ein eher breites und grobes Gesicht gehabt, während die Menschen vom mediterranen Typ schmalere Gesichter hatten und insgesamt zierlicher wirkten.[3]

Zur Guanchenzeit bestanden keine Verbindungen zwischen den Inseln, da die Seefahrt unbekannt war. Es heisst, sie seien friedfertig gewesen, jedoch galten sie auch als tapfere Verteidiger ihrer Heimat;

man schreibt ihnen Grossmütigkeit zu, mitfühlend waren sie und auf ihre Versprechen war Verlass.

Die beiden Geistlichen, die Juan de Bethencourt begleiteten, berichten: "Fahrt um die ganze Welt und nirgendwo werdet ihr schönere und besser gewachsene Menschen antreffen wie die, die auf diesen Inseln leben, und das gilt sowohl für die Männer als die Frauen; hätten sie Gelegenheit gehabt, etwas zu lernen, wäre die gegenseitige Verständigung mit ihnen leichter gewesen." [4]

POLITISCHE UND SOZIALE STRUKTUR

Zur Zeit der Eroberung der Kanarischen Inseln wurde jede von einem oder mehreren Königen oder Fürsten regiert. Auf Gran Canaria nannten sie den König "guanarteme" und auf Teneriffa "mencey". Die Könige hatten Ratgeber oder Häuptlinge. Auf Teneriffa unterschied man drei verschiedene Gesellschaftsschichten: "Achimenceyes", der Rang unmittelbar nach dem König, "Achiciquitza", der Adel, und Achicaxna, der Bürger. Den Häuptling nannte man "Sigoñe".

Auf Gran Canaria nannten sie den Hohen Priester "Faycán"; "Guaire" oder Gaire den Ratgeber oder Häuptling, und "Fayacán" den Richter. Wurde jemand zum König ernannt, hatte er folgenden Eid zu leisten: "Agoñe Yacoron Yñatsahaña Chacoñamet" [5] (ich schwöre auf den Knochen dessen, der mich gross gemacht hat). Diese Zeremonie wurde im "tagoror" (Beratungsplatz) abgehalten.

Die Gesetze waren auf jeder Insel anders: Auf El Hierro wurde demjenigen, der zum ersten Mal Diebstahl beging, ein Auge entfernt - das andere beim nächsten Mal. Auf Gran Canaria tötete man den Mörder; wer stahl, kam ins Gefängnis. Auf Fuerteventura wurde dem Verbrecher der Schädel mit einem Stein eingeschlagen. Auf Teneriffa existierte die Todesstrafe nicht. Diebe wurden schwer bestraft; auf ganz besondere Art derjenige, der sich Frauen gegenüber respektlos verhielt. Dem Mörder wurde all sein Besitz genommen, um die Hinterbliebenen zu entschädigen, er selber wurde aus dem Königreich verbannt. Auf La Palma wurde der Diebstahl nicht bestraft, da er als Kunst angesehen wurde. Jeder König traf sich mit seinen Ratgebern im "tagoror"

(Ratsplatz in Form eines Steinkreises), um über verschiedene Angelegenheiten zu beraten und um Recht zu sprechen.

Jeder Mann konnte in den Adelsstand erhoben werden. Dafür musste er persönliche Verdienste nachweisen und durfte keine schlechten Angewohnheiten gehabt haben. Während der Zeremonie wurde gefragt, ob er beim Töten oder Melken von Ziegen gesehen worden sei, ob er die Mahlzeit mit eigenen Händen bereitet habe, ob er in Friedenszeiten gestohlen habe oder ob er unehrbar gewesen sei -insbesondere einer Frau gegenüber... Lautete die Antwort "nein", wurde er zum Adeligen ernannt, war die Antwort jedoch "ja", schnitten sie ihm das Haar und verwandelten ihn für alle Zeiten in einen Nicht-Adeligen, dem sie den Spitznamen "trasquilado" (der Geschorene) gaben.

ARBEIT UND HANDWERK

Bei den Guanchen stand die Viehzucht zwar an erster Stelle, sie pflanzten und ernteten aber auch Getreide. Zum Pflügen benutzten sie Ziegenhörner. Die Frauen halfen bei der Aussaat von Weizen, Gerste und Bohnen. Wasser wurde, wo es vorhanden war, sorgsam verwaltet.

Die Guanchen kannten auch die Töpferei und verzierten ihr Ton: geschirr recht gut. Sie besassen verschiedenartige Gefässe in unterschiedlichen Grössen und Farben. "Sie wurden handgearbeitet und mit Ocker gefärbt und waren sie trocken, wurden sie mit glatten Steinen poliert und bekamen so einen guten und dauerhaften Glanz. Sie fertigten sie gross und klein an und machten auch Tassen und Teller...". [6]

WOHNUNGEN

Sie wohnten vorwiegend in Höhlen, aber auch in Hütten aus Stein, deren Dächer strohgedeckt waren.

Auf Gran Canaria war die Bauweise recht fortschrittlich, man baute sowohl in den Höhlen als auch in den Steinhäusern Zimmer. Mit der Zeit hatten sich Dörfer gebildet. Diese Behausungen, die sogar Tür- und

Fensteröffnungen aufwiesen, wurden mit Holzbalken gedeckt, darauf kamen ordentlich verlegte flache Steine und zum Schluss Stroh, das mit angerührtem Lehm abgedichtet wurde, um gegen Regen zu schützen.

An den Innenseiten der Häuser wurden Betten aus Steinen errichtet. Als Matratzen diente wiederum Stroh sowie Matten oder Felle. Als Decken benutzten sie Felle oder Binsenmatten.

KLEIDUNG UND SCHMUCK

Sie benutzten Kleider aus wildlederartig gegerbten Ziegen oder Schaffellen, die sorgfältigt gearbeitet waren. Auf Gran Canaria trug man auch Bekleidung aus Binsen oder Palmblättern, vor allem eine Art gewebte Röcke. Laut Torriani bestanden die Kleider der Frauen aus gegerbten Fellen, wie es zum Beispiel in der Lombardei und manchen anderen Ländern üblich war. "...sie bedeckten sich von Kopf bis Fuss. Die Haare trugen sie lose über die Schulter hängend oder flochten Binsen statt Schleifen ins Haar. Die Stirn blieb als besonderes Schönheitsmerkmal unbedeckt." [7]

Von Padre Espinosa erfahren wir: "...diese Art von Kleidung nannten sie tamarco und sie war bei Männern und Frauen gleich ausser, dass die Frauen aus Sittsamkeit unter dem tamarco eine Arte ledernen Kittel trugen..., denn es war für die Frauen unehrenhaft, Brüste und Beine zu entblössen." [8]

Das Schuhwerk war auch aus Fellen. Auf Teneriffa nannten sie es "xercos", und "maho" auf Lanzarote und Fuerteventura.

Als Schmuck trugen sie Ketten aus Tonkugeln, Meeresmuscheln, Stein und Knochen.

NAHRUNGSMITTEL

Ziegen, Schafe, Schweine und Hunde waren ihre einzigen Haustiere. Von den Ziegen und Schafen dienten ihnen zur Nahrung ausser Milch

Eingeborene aus Gran Canaria.

Eingeborene aus El Hierro.

Torriani, Seiten 107 und 115 «Descripción de las Islas Canarias» Ediciones Goya, Santa Cruz de Tenerife, 1978.

und Käse auch deren Fleisch und Fett. Sie assen Schweinefleisch, obgleich einige Chronisten sagen, dass ihnen diese Tiere heilig waren.[9]

Sie stellten gofio aus Gerste, Weizen und Bohnen her, welches in Tongefässen geröstet und in Steinmühlen gemahlen wurde. Ausserdem ernährten sie sich von Früchten einschliesslich Feigen, von Mocán-Honig, Datteln, Farnwurzelmehl und Meeresfrüchten sowie Fisch. Der Fisch wurde entweder mit Netzen, die aus Binsen oder Palmblättern geflochten waren, oder mit Lazen mit Ziegenhornspitzen gefangen.

GEBRAUCHSGEGENSTÄNDE UND WAFFEN

Unter den Hausgeräten befanden sich ausser den Töpfen auch Steinmühlen, Holzgefässe, Kämme aus Holz, Ziegenbälge (baifo), Lederbeutel zum Transport von Sachen, Binsensäcke (carianas) auf Gran Canaria, Steinmesser aus Obsidian, Nadeln aus Gräten und Knochen zum Nähen der Felle.

Die Hirten benutzten sehr lange und gut polierte Lanzen, um über Klippen und Schluchten zu springen. Sie benutzten aber auch kleine Stöcke.

Als Waffen hatten sie auf Teneriffa den banot (eine Art Wurfspeer), auf Gran Canaria den "magado", auf La Palma die "moca", auf Fuerteventura die "tezzeses... und andere Waffen aus Holz. Sie besassen ausserdem "tabonas" (Steinmesser), welche sie benutzten, wenn sie sich im Kampf gegenüberstanden.

FESTE UND SPORT

Das Hauptfest war "beñesmen", das im Sommer anlässlich der Ernte von Früchten und Korn stattfand. Dieses Fest bestand aus verschiedenen Teilen: Dem Festessen (guatativoa), Tanz und Gesang, Wettkämpfen oder Herausforderung zum Steinheben, Ringkämpfen und Stockfechten... "Sie hielten im Jahr (es wurde nach der Umlaufzeit des Mondes berechnet) viele Hauptversammlungen ab. Und der König, der zu dieser Zeit regierte, lud zum Mahl ein, er spendete das Vieh, gofio,

Milch und Schmalz... Und hier zeigte jeder, was er konnte, tat gross mit seinen Künsten beim Springen, Laufen, Tanzen und Ringkampf und mit allen anderen Dingen, deren er fähig war."[10] Auf Fuerteventura forderten sie sich zu grossen Sprüngen mit ihren Lanzen heraus. Eine andere Art der Herausforderung war, ihre Tapferkeit zu beweisen, indem sie Gegenstände auf sehr gefährliche Klippen brachten.[11]

Befanden sie sich im Krieg, war es Sitte, zu Beginn der Feste die Waffen niederzulegen.

TANZ UND GESANG

Die Guanchen liebten Tanz und Gesang. "Sie hatten ein Haus, wo sie zum Tanzen und Singen zusammenkamen. Ihr Tanz bestand aus kurzen, hurtigen Schritten und ist derselbe, der heute "canario" genannt wird. Ihre Lieder waren schmerzlich und traurig oder auch verliebt und leidenschaftlich, alle wurden Klagelieder genannt."[12] Dieser Tanz wurde in Europa berühmt. "Es handelt sich um einen Tanz der Aufforderung und Ablehnung, in welchem sich zwei Reihen Tänzer und Tänzerinnen gegenüberstehen, sich einander nähern und von einander entfernen mit graziösen Sprung-und Stampfschritten, von denen einige wirklich schwierig sind."[13]

EHESCHLIESSUNGEN

Zur Eheschliessung genügte die Einwilligung beider Partner, zur Auflösung der Wunsch eines von ihnen. Der einzige Nachteil war, dass die Kinder dieser Ehe als unehelich angesehen wurden, nicht so die Kinder aus einer neuen Heirat. Dazu Abreu Galindo: "...es heirateten die kanarischen Männer nicht mehr als eine Frau, wenn auch namhafte Autoren es anders sagen. Ferner ist es auch nicht wahr, dass die schwangeren Frauen in den Tempel gebracht wurden, nach der Niederkunft von ihren Männern abgesondert waren und dass diese das

Recht hatten, sich Sklavinnen zu verschaffen, um ihre Lust zu befriedigen... nämlich, weil sie auf diesen Inseln gar nicht wussten, was Sklavinnen waren..." [14]

SPRACHEN UND INSCHRIFTEN

Die Sprache aller Guanchen war gleichen Ursprungs, aber dem Anschein nach mit mundartlichen Unterschieden je nach Insel. Es gab auf allen Inseln gemeinsame Wörter wie: "ahemen" oder "ahemon" (Wasser), "aho" (Milch), "gánigo" (Tongefäss) "gofio" (geröstetes Mehl), "mocán" (ein Baum) "tabona" (Steinmesser), "tamarco" (Kleid), "verode" (eine Pflanze)... und viele solche Ausdrücke mehr. Den Chronisten nach handelte es sich um eine weiche Aussprache.

Auf verschiedenen Inseln gibt es unterschiedliche Felsinschriften. Auf La Palma kommen häufig Spiralen vor, auf El Hierro unter anderem Kreisformen mit Kreuzen in der Mitte. Die Zeichen von Gran Canaria sind denen von El Hierro ähnlich, auch gibt es dort viele Malereien. Lanzarote ist eine Insel mit ähnlichen Felszeichen wie La Palma.

RELIGION

Nach Abreu Galindo und Espinosa glaubten die Ureinwohner an ein Höchstes Wesen, das sie mit den Namen "Aborac", "Acoran" und anderen anriefen. Einige Chronisten haben gesagt, dass sie an Dämonen wie "guayota" glaubten, der im Vulkan des Teide (echeide oder Hölle) lebte. Doch der Glaube an die Existenz der Hölle schliesst nicht den Glauben an Gott aus.

Alle Volksstämme besassen ihre Priester, Tempel oder andere Gebetsorte. Auf Gran Canaria gab es eine Art von Nonnen ("harimaguadas", Tempelmädchen), deren einzige Aufgabe das Gebet und das Unterrichten war. Ihre Klöster nannten sie "tamogantes" und den Tempel "almogaren". [15]

Auf Teneriffa trennte man die Lämmer von den Schafen, um zusammen mit derem Bähen Gott um Regen anzuflehen.

Auf den restlichen Inseln gab es andere ähnliche Riten und man opferte Gott Lebensmittel.

Pater Espinosa sagt, als er über Teneriffa berichtet: "...Man sieht deutlich, dass die Eingeborenen dieser Insel (ohne die der anderen auszuschliessen)... freundlich und unverdorben waren. Sie hatten weder Riten, Zeremonien, Gebete oder Opfer für fiktive Götter, noch Umgang oder Unterhaltung mit Dämonen wie andere Völker... und besassen einen klaren Begriff von Gott." [16]

EINBALSAMIERUNGEN UND BEGRÄBNISSE

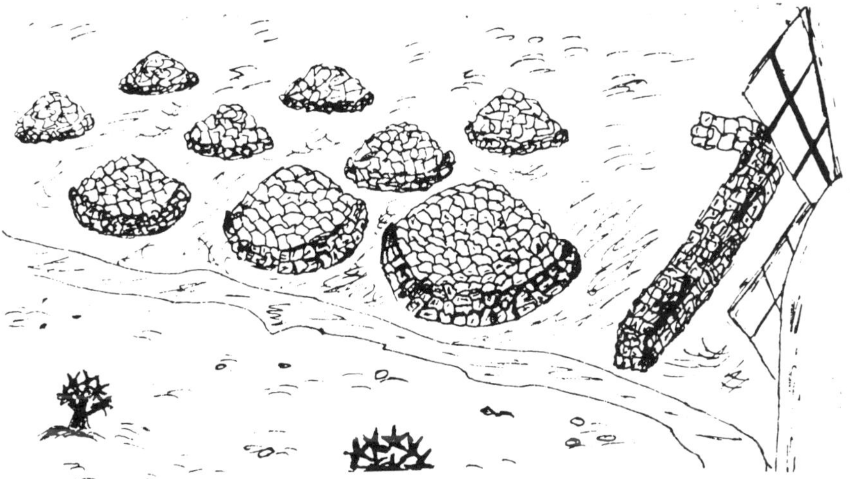

DIE GRABHÜGEL

Agaete, Gran Canaria, eine Art der Beisetzungen. Die "Cascajos", Camino de los Molinos, Gegend von "Las Nieves".

Beschreibung nach D. Sebastián Sosa Barroso. Diese Grabhügel wurden in den vierziger Jahren dieses Jahrhunderts mit Erde zugedeckt, um Bananen darauf anzupflanzen.

Auf den Kanarischen Inseln, ebenso wie im antiken Ägypten und in Peru, wurden die Toten einbalsamiert. Es sind noch einige Mumien im Museo Canario von Las Palmas und im Museo Arqueológico von Santa Cruz de Tenerife erhalten.

Espinosa sagt: "Zur Mumifizierung wuschen sie zuerst den Toten, dann flössten sie ihm eine Mischung durch den Mund ein, die aus flüssigem Viehfett, pulverisiertem Heidekraut und Bimsstein, Kiefernrinde und Kräutern bestand. So behandelten sie den Leichnam 15 Tage lang, während sie ihn gleichzeitig in der Sonne austrocknen liessen. Danach wurde er in Felle gehüllt und in der Begräbnishöhle auf ein Kiefernholzbrett gelegt. Dann nannte man den Leichnam "xaxo".

Andere Tote wurden einfach in Höhlen begraben, und im Nordwesten von Gran Canaria existierte ein Kult, wonach sie in Grabhügeln beerdigten.

Wie man sieht, hatte die Lebensweise einen (trotz der fehlenden Kontakte der Inseln untereinander) gemeinsamen Ursprung, auch wenn sie den besonderen Umständen jeder Insel angepasst war. Die Art sich zu kleiden, die Steinmühlen, die Sprache, die Regierungsweise und viele Bräuche waren einander ähnlich.

URSPRUNG DER GUANCHEN

Seit der Entdeckung und Eroberung des Kanarischen Archipels hat es viele Historiker und Forscher gegeben, die sich für die Herkunft der Guanchen interessiert haben.

Bis vor relativ kurzer Zeit existierten verschiedene Theorien, nach denen die Möglichkeit der Abstammung von den Wikingern, Griechen, Römern, Phöniziern, Karthagern, Ägyptern, Libyern usw. ...bestand.

Seit der Entdeckung menschlicher Überreste (Cromagnon) im Südwesten Frankreichs im Jahre 1868 und späteren ähnlichen Funden im Nordwesten Afrikas (Marokko, Algerien und Tunesien) hat sich dies aufgeklärt. Die Art der Beisetzungen zeigt, dass die Cromagnon-Menschen Nord-Afrikas entweder von denen aus Frankreich abstammten, oder dass sie Geschwister-Völker waren.

Der kanarische Cromagnon-Mensch beerdigte seine Toten auf die gleiche Weise wie die beiden vorerwähnten Völker.

Hiermit und im Vergleich zur Sprache, den Sitten, Nahrungsmitteln und den physiognomischen Merkmalen der Berber kann man zu der überzeugeden Feststellung kommen, dass die Guanchen aus der Berberei und dem antiken Libyen stammten, da hinzukommt, dass die von ihnen gesprochene Sprache gewisse libysche Wurzeln aufweist.

Noch weiss man nicht, wie sie auf die Kanarischen Inseln gelangten. Es wird angenommen, dass sie auf sehr primitiven Booten mit Hilfe von Meeresströmungen von Afrika herüberkamen.

In Bezug auf die Insel La Palma sagt Abreu Galindo: "...sie regierten und herrschten durch Häuptlige, wie die Afrikaner.[17]" Von Gran Canaria sagt er: "... woher auch immer sie gekommen sein mögen, das Glaubwürdigste ist, dass die ersten, die auf die Inseln gelangten, aus Afrika stammten ...auch scheint mir sicher, dass sie von Afrika gekommen sind, wenn ich die vielen Wörter sehe, in denen sich die Eingeborenen dieser Inseln und die der drei Völker in jenen Teilen von Afrika, die da heissen Berberei, Azanega und Arabien, gleichen. Denn Telde, die älteste Siedlung dieser kanarischen Insel und Gomera sowie Orotava auf Teneriffa sind Namen, die man im Reich Tez und Benamarin (alles alte Länder in Nord-Afrika) findet. Und bei Kap Aguer sind Gärten, die man die Gärten von Telde nennt."[18]

Espinosa sagt über die Herkunft der Guanchen: "Von diesen Meinungen kann der Leser diejenige glauben, die ihm am passendsten erscheint. Meine ist, dass sie Afrikaner sind, und von dort herstammen, dies sowohl wegen der Nachbarschaft der Länder, als auch wegen der Ähnlichkeit in Sprache und Sitten, auch dass die einen genau so wie die anderen zählen. Dem ist noch hinzuzufügen, dass die Speisen, wie gofio, Milch, Schmalz usw. die gleichen sind." [19]

Man muss klarstellen, dass die Berberstämme keine Araber sind, sondern blond oder dunkelhaarig und von weisser Rasse. Sie liessen sich vor vielen tausend Jahren in dieser Gegend nieder und wurden vor Jahrhunderten von den Arabern unterjocht. Sie halten jedoch immer noch an ihren alten Sitten und Sprachen fest.

Im Folgenden gebe ich eine Aufstellung berberischer und guanchischer Namen, wie Sabino Berthelot sie in seinem Buche vergleicht:

Adeje: Tal, Distrikt, kleine Stadt auf Teneriffa.	Adejad: berberischer Stamm in Marokko.
Agulo: Dorf auf La Gomera.	Agulu: Kap u. Dorf von Marokko.
Taborno: Tal u. Dorf auf Teneriffa in den Bergen des Nordens.	Tabornost: Dorf in Marokko (30 0‘ u 8 35‘ 24 log DE)
Taso: Berg auf der Insel La Gomera.	Tasa: berberisches Dorf in Marokko.
Teguise: Dorf auf Lanzarote.	Teghasah: Dorf in Marokko.
Temesen: Eine trockene Ebene u. Dorf auf Fuerteventura.	Themsna: Trockene u. wüste Gegend (ghadan. Dialekt).
Telde: Dorf auf Gran Canaria in einer sehr fruchtbaren Gegend.	Tedlah: Provinz Marokkos, in einer reichen Landschaft.

WÖRTERVERZEICHNIS

Ahemon: Wasser (L.H.)	Amon: Wasser, (in Shilah).
Aho: Milch (L.C.)	Agcho, Agbo: Milch (in Shilah.)
Almogaren: Heiliges Haus (G.C.)	Talmogaren: Tempel.
Cariana: Korb (G.C.)	Carian: Korb.
Benahoare: Name der Insel La Palma.	Beni Haourah: Berberstamm.
Gomera: Name der Insel.	Ghomerah: Berberstamm.
Taginaste: ein Baum oder Busch (C)	Taginost: ein Palmenzweig(shil.)
Tahuyen: Matte (G)	Tahuyot: Abdeckung o. Umhang
Temasen: Gerste (L)	Tomzen: Gerste (shilah).
Tigot: Himmel (P)	Tigot: Himmel (shil).
Tigotan: die Himmel (P)	Tigotan: die Himmel (shil).

Andere Worte von Ritter, zusammen mit solchen von Glas, Jackson und Vater:

Tagoror: Ratsplatz (T)	Tagarer: Platz der Qual (berber.)
Ahorem: Gerstenmehl (T)	Ahorem: Gerstenmehl (berber.)
Azamotan: Geknetetes Gerstenmehl (L).	Azamitan: dito (berber.)
Tibaxa: Hammel (C)	Thikhsi: Hammel (berber.) [20]

Es existieren viele Parallelen zwischen den libysch-berberischen Völkern und den Guanchen, denn noch immer gibt es Berber, die ein dem der kanarischen Ureinwohner ähnliches Leben führen. Der Norden

Afrikas bietet in der Gegenwart reichliche Muster dieser Lebensweise, so dass es nicht notwendig ist, sich in praehistorische Zeiten zurückzuversetzen, um die Lebensform der Guanchen mit der sogenannten Nordafrikanischen Höhlenkultur zu vergleichen... Die vorhandenen Einrichtungsgegenstände in dieser Art Wohnungen sind extrem arm und haben engste Beziehungen zur Ernährung: die Mühle, einige Teller und Kochkessel für das Essen." [21]

Unter anderen Traditionen ist die der Keramik-Herstellung hervorzuheben. "Diese Kunst ist weit verbreitet im ganzen nördlichen Afrika; von Jarjar im Süden Tunesiens bis zum mittieren Atlas-Gebirge. Diese Technik finden wir heute als überbleibsel sowohl auf den Kanarischen Inseln als auch in den vorerwähnten Gebieten Nordafrikas" [22]

ZWEITER TEIL
DIE EROBERUNG DER KANARISCHEN INSELN

DIE EROBERUNG VON LANZAROTE

Bis zum Jahre 1402 hat man von den Kanarischen Inseln (ausser einigen Überfällen und Forschungsexpeditionen, während der einige Eingeborene gefangen genommen wurden) keine besondere Kenntnis genommen.

Zu dieser Zeit gelangte ein normannischer Baron, Juan de Bethencourt, begleitet von seinem Stellvertreter Gadifer de la Salle, den Kaplänen Juan de Verrier und Pedro Bautier und einer kleinen Anzahl Soldaten zusammen mit den vor Jahren gefangen genommenen einheimischen Dolmetschern Isabel und Fernando, nach Lanzarote.

Bei ihrer Landung versteckten sich die Einheimischen in den Bergen. Diese Insel nannte man "Titeroygatra" und sie wurde von einem König namens Guadarfía regiert. [23]

Nachdem die Europäer an Land gegangen waren, näherten sich ihnen die Einheimischen mit Zeichen von Respekt und Bewunderung. Sie sprachen von Freundschaft. Trotz der Plünderungen, unter denen seine Insel in den letzten Jahren gelitten hatte, erteilte der König ihnen die Erlaubnis auf der Insel zu verbleiben und eine Burg darauf zu bauen und stellte dafür Juan de Bethencourt alle seine Leute zur Verfügung. Man kann sagen, dass es von Seiten Guadarfías ein Freundschafts-angebot war.

Nachdem sie sich auf Lanzarote eingerichtet hatten, unternahmen sie eine Aufklärungsfahrt nach Fuerteventura, während Bethencourt nach

Spanien reiste, um Nachschub für die Eroberung zu suchen, da er im Dienst der Spanischen Krone stand.

In seiner Abwesenheit ereigneten sich schwere Zwischenfälle. Als Gadifer sich auf der Insel Lobos befand und dort Seehunde jagje, begann ein Aufstand, angeführt von Bertín de Berneval, der einige Einheimische gefangen hatte, um sie als Sklaven zu verkaufen, wonach er mit einem Schiff nach Spanien floh. Dadurch verblieb Gadifer ohne Schiff und verdurstete beinahe. Als Folge davon begannen die Inselbewohner einen Aufstand, töteten einige der Europäer, während die Überlebenden sich in die Festung zurückziehen konnten.

Gadifer wollte den Tod seiner Leute rächen und nahm daher den Vorschlag des Eingeborenen Atchen an, der ihm verraten sollte, wo sich der König befand. Nach dessen Gefangennahme hoffte Atchen an die Macht zu kommen. Es wurden also die Gefangenen freigelassen und der König gefangengenommen. Dann aber griff Atchen seinerseits die Europäer an, während es Guadarfía gelang, sein Gefängnis zu verlassen, um Atchen lebendig verbrennen zu lassen. Auf diese Ereignisse folgten heftige Kämpfe, während der Gadifer zunächst plante, alle Eingeborenen mit Ausnahme der Frauen und Kinder zu töten, was von den Kaplänen verhindert wurde. Diese beeilten sich, die Eingeborenen zu bekehren und zu taufen, was sie letztlich zu Sklaven machte.[24] Die Insel blieb auf diese Weise unterworfen, und als Bethencourt zurückkam, fand er ungefähr 300 Krieger vor.[25] Guadarfía ergab sich mit einigen seiner Leute, die auf ihn hörten. Nachdem er getauft worden war, bekam er - wie auch einige anderen Einheimischen-sowohl die Freiheit als auch etwas Land.

DIE EROBERUNG VON FUERTEVENTURA

Als Bethencourt 1404 mit Nachschub zurückkam, nahm er sich vor, diese Insel zu erobern, auf der sie die Festungen von Rico Roque und Valtarajal hatten bauen lassen.

Fuerteventura war in zwei Königreiche aufgeteilt: Das von Maxorata und das von Gandía, die von Guize beziegungsweise Ayoze regiert wurden. Es kam zu verschiedenen Zusammenstössen, bei denen viele Eingeborene starben. Die Gefangenen schickte man nach Lanzarote.

Guadarfía half mit seinen Landsleuten bei der Eroberung von Fuerteventura.

Der Widerstand der in die Berge geflüchteten Einwohner setzte sich fort. Als sie aber dessen Nutzlosigkeit erkannten, beschlossen sie sich zu ergeben.

Im Januar 1405 entschloss sich Guize zusammen mit 40 seiner Landsleute die Taufe anzunehmen. Am folgenden Tag folgte ihm Ayoze und darauf folgten die meisten Einwohner diesem Beispiel. Die beiden Könige blieben auf der Insel und es wurden ihnen Ländereien zurückgegeben.

DIE EROBERUNG VON EL HIERRO

Diese Insel wurde von dem König Armiche regiert. Als Bethencourt ankam, hatte er den Dolmetscher Augeron bei sich, der ein vor Jahren gefangengenommener Bruder des Königs war. Bethencourt versprach, dass man über einen Frieden verhandeln würde. Als der König jedoch vor ihm stand, nahm er ihn gefangen, und es wurde vereinbart, Land und Sklaven an 120 Siedler zu verteilen, die etwas von Ackerbau verstanden.[26]

DIE TEILEROBERUNG VON LA GOMERA

La Gomera war in vier Bezirke aufgeteilt: Agana, Hipalán, Malagua und Orone, die von Alguabozegue, Alhagal, Aberbequeye und Masege regiert wurden.[27]

Die ersten beiden unterwarfen sich Juan de Bethencourt, aber die anderen beiden leisteten solchen Widerstand, dass weder Juan de Bethencourt noch sein Neffe Maciot die Insel erobern konnten.

Die Gomeros waren so tapfer und schwierig, dass sie erst nach ungefähr 80 Jahren auf friedliche Weise unterworfen werden konnten.

Daher weiss man nicht genau, wer sie eroberte, da von einer Eroberung nicht gesprochen werden kann.

Bethencourt benahm sich wie ein Tyrann auf El Hierro, im Gegenteil zu dem, was er auf Lanzarote und Fuerteventura getan hatte. Nachdem er diese Inseln und La Gomera zur Hälfte unterworfen hatte, beschloss er nach Frankreich zu gehen und hinterliess seinen Neffen Maciot de Bethencourt mit weitreichenden Vollmachten.

DIE VERWALTUNG VON M. DE BETHENCOURT, VERKÄUFE UND ABTRETUNGEN DER KANARISCHEN INSELN

Die Regierung von Maciot de Bethencourt war im Prinzip annehmbar, doch bald ergaben sich Probleme durch einen Aufstand der Sklaven von El Hierro. Nun wurde sein Verhalten sehr tyrannisch. Er organisierte die Gefangennahme der Einheimischen auf Gran Canaria, um sie als Sklaven zu verkaufen. Auf die Ratschläge des Bischofs von Rubicon, der ihn vor der Krone von Kastilien anzeigen musste, hörte er nicht. Aufgrund dieser Anzeige übergab Enrigue de Guzmán, Graf von Niebla, auf Befehl der Krone im Jahre 1430 den Besitz der Inseln an Guillén de las Casas. Fünf Jahre später übernahm Fernán Peraza durch Erbschaft den Besitz.

Auf Betreiben Juan de Bethencourts besetzten die Portugiesen Lanzarote und wurden zwei Jahre danach wieder von den Eingeborenen der Insel vertrieben.

Auf Fernán Peraza folgte der Ehemann der Inés Peraza, Diego Herrera. Dieser verteilte den herrschaftlichen Besitz unter seine Kinder. Fernán Peraza, "der Jüngere" erbte La Gomera und El Hierro, und Sancho de Herrera erbte zusammen mit María de Ayala und mit Constanza de Sarmiento Lanzarote und Fuerteventura.

DIE EROBERUNG VON GRAN CANARIA

Auf Befehl der Katholischen Könige begann ab 1472 die Eroberung der Inseln auf eine andere Weise als zuvor. Es waren noch drei sehr zu fürchtende Inseln zu erobern. Gran Canaria wurde als erste angegriffen. Diese Insel war eine derjenigen, die den Eroberern am meisten Widerstand leistete. Während einiger Jahre versuchten sie die Insel zu erobern, doch die Kanarier waren in den Kämpfen immer die Sieger.

Bei der Ankunft von Juan Rejón im Jahre 1478 wurde die Insel von zwei Königen oder guanartemes regiert: Der guanarteme von Gáldar hiess Thenesor Semidan und der von Telde Doramas. Beide guanartemes beschlossen sich zu vereinigen, um das spanische Lager in Las Palmas (das inzwischen ausgebaut und verstärkt worden war) anzugreifen. "Es waren zusammen mehr als 2.000 Kanarier, die auf ihr Weise sehr gut bewaffnet waren.[28]" Unter den Mutigsten waren Doramas, Adargama und Maninidra. Juan Rejón hatte einen Boten gesandt, um den Kanariern zu sagen, dass sie (die Eroberer) von den Katholischen Königen gesandt worden wären, um sie zum christlichen Glauben zu bekehren. Dafür würden sie deren Schutz erhalten. Sie würden aber bis zum Tode verfolgt und zu Sklaven gemacht, wenn sie nicht gehorchen würden. Die Kanarier antworteten, "dass sie an einem anderen Tage ihnen ihre Antwort geben würden."[29]

Am folgenden Tage bei Sonnenaufgang beschloss Doramas anzugreifen. In dieser Schlacht, die man "Guiniguada" nannte, kamen laut A. Galindo 300 und laut Gómez Escudero 30 Kanarier ums Leben.[30] Adargoma wurde verwundet und gefangen genommen.

Während die Monate verstrichen, befestigten die Spanier das Lager, aber infolge der schwierigen Lage, in der sie sich befanden, kamen Uneinigkeiten unter ihnen auf. Der Dekan Bermudez gab den Katholischen Königen hiervon Nachricht. Deshalb wurde Juan Rejón seines Dienstes enthoben und nach Spanien zurück geschickt, als der neue Gouverneur Pedro de Algaba und der Bischof Frías auf Gran Canaria ankamen.

Während der Herrschaft des Statthalters Algaba beschloss man einen Einfall nach Tirajana zu machen. Dieses geschah am 24. August 1479.

Die Einheimischen bemerkten die Landung an der Küste und versteckten sich in den Bergen. Die Spanier drangen in das Tal ein, ohne die Gefahr wahrzunehmen. Als sie sich auf dem Rückweg befanden, wurden sie überraschend angegriffen, wobei 26 Christen starben und es mehr als einhundert Verwundete gab. Da auch einige gefangengenommen wurden, betrugen die Verluste insgesamt 80 Mann.[31]

Juan Rejón kehrte auf die Insel zurück und enthauptete Pedro de Algaba. Aufgrund der Rachehandlungen und der Gewalttätigkeiten von Rejón schickten die Katholischen Könige im Jahre 1480 Pedro de Vera als Statthalter mit einigen Männern und Pferden auf die Insel. Wenige Tage nach seiner Ankunft nahm er Rejón gefangen und schickte ihn zurück auf das Festland.

DER TOD DORAMAS

Vera beschloss das Reich Gáldar zu erobern. Bei seiner Ankunft stiess er auf den mutigen Doramas. Es begann ein harter Kampf und Vera, der daran glaubte, dass er den Kampf gewinnen würde, wenn er Doramas vernichtete, drang mit einer Schar auf ihn ein. Nachdem Doramas einem Spanier den Schädel eingeschlagen hatte und gegen einige andere kämpfte, wurde er von Pedro de Vera mit einer Lanze auf der linken Körperseite und von Diego de Hozes im Rücken verletzt. Danach hatte Doramas noch die Kraft Hozes ein Bein zu brechen. In diesem Augenblick traf Pedro de Vera ihn in der Brust und Doramas starb, denjenigen, der ihn im Rücken verletzt hatte, "Verräter" nennend.[32]

Als die Kanarier ihren Anführer verloren hatten, zogen sie sich in die Berge zurück, einige blieben, um ihn zu begraben.

DER ZWEITE ANGRIFF AUF TIRAJANA

Pedro de Vera vereinbarte mit seinen Leuten, mit Hilfe der gefangengenommenen oder unterworfenen Kanarier in Agaete eine Festung zu bauen. Als sie fertig war, unterstellte er sie und 30 Männer dem Befehl von Alonso de Lugo.[33]

Die Spanier griffen Tirajana noch einmal an. Die Kanarier, die sich in den Bergen befestigt hatten, töteten 25 Spanier und verwundeten viele von ihnen. Nachdem die Spanier ein wenig vorgedrungen waren, zogen sie sich in das Feldlager von Las Palmas zurück, wo sie von den Kanariern, die durch den kühnen "Bentagay" angeführt wurden, einige Angriffe erlitten. Dieser kam eines Tages in das Feldlager und sagte, er wolle Christ werden. Aber nachdem er sich die ganze Festung angesehen hatten, ging er davon, um des nachts wiederzukommen, Wachen und Pferde zu töten und soviel Schaden anzurichten, wie er nur konnte.[34]

DIE UNTERWERFUNG DES KÖNIGS VON GALDAR

Mit Hilfe von Fernán Peraza führte Pedro de Vera die Eroberung fort. Er überraschte den guanarteme "Thenesor Semidan" und andere fünfzehn, darunter den mutigen Maninidra, die sich in einer Höhle befanden. Sie ergaben sich mit ihren Familien und wurden vor den Spanischen Hof gebracht, wo der guanarteme auf den Namen Fernando getauft wurde. Sie wurden dann auf die Insel zurückgeschafft, um ihre noch Widerstand leistenden Mitbürger davon zu überzeugen, dass eine Ergebung vorteilhafter sei. Dies gelang Fernando Guanerteme nicht, denn seine Landsleute sahen, wie schlecht es denjenigen ergangen war, die sich zum Christentum hatten bekehren lassen, und zogen es vor weiterzukämpfen.

Pedro de Vera versuchte zu einem Unterschlupf vorzudringen, wo sich - hoch oben im Gebirge - viele Frauen und Kinder ohne Männer verborgen hielten. 15 Tage dauerten die Kämpfe, bei denen acht Soldaten ihr Leben verloren, viele verwundet wurden durch die Steine, die man auf sie warf. Schliesslich musste der Kampf aufgegeben werden: die Frauen und Kinder hatten sich erfolgreich verteidigt.[35]

DIE LETZTEN WIDERSTÄNDE

Die Kanarier hatten sich in einer Festung auf dem Gipfel eingeigelt, es gelang den Spaniern jedoch hinaufzugelangen, um einige Kanarier zu töten und mit Hilfe von Fernando Guanarteme viele gefangenzunehmen. Danach rückten sie vor die Festung "Ajodar", und Hauptman Miguel de Moxica, der sich für das, was er in anderen Festungen erlitten hatte, rächen wollte, versuchte mit seinen Männern hinaufzusteigen. Er und die Mehrheit seiner Männer verloren dabei das Leben. Abreu Galindo sagt: "...wenn Pedro de Vega nicht zur Hilfe herbeigeeilt wäre, und wenn Don Fernando de Gáldar, vor dem die Kanarier Respekt hatten, nicht gekommen wäre, dann hätten alle ihr Leben verloren, denn zur Verstärkung eilte eine Truppe von 300 Kanariern herbei."[36]

Pedro de Vera zog sich ins Feldlager von Las Palmas zu einer Atempause zurück, begann Nachschub auf den Inseln Lanzarote, Fuerteventura und La Gomera anzuwerben, wonach er den Entschluss fasste, die Eroberung zunächst zu beenden.

"ANSITE", DER LETZTE ZUFLUCHTSORT

Dies war der letzte Zufluchsort zwischen Tirajana und Gáldar, und als Fernando Guanarteme sah, dass sich seine Leute mit Frauen und Kindern dort verborgen hatten, bat er sie, sich zu ergeben wegen der Frauen und Kinder, die sterben würden. Hier legten unter viel Geschrei und Klagen die Tapferen ihre Waffen nieder und folgten dem Rat ihres ehemaligen Königs, dem sie vertrauten. Der Anführer Bentejui und der Faicán umarmten sich und stürzten sich mit dem Ruf "Atistirma" in eine Schlucht. Diesem Beispiel folgten auch noch zwei Frauen.[37]

DIE EROBERUNG VON LA PALMA

La Palma und Teneriffa mussten noch erobert werden. Dies wollte Alonso Fernández de Lugo übernehmen, der an der Eroberung von Gran Canaria teilgenommen hatte und sich danach auf das Festland begeben hatte, um mit neuen Leuten und Geld zurückzukenhren. Als er auf Gran Canaria ankam, schlossen sich ihm andere Eroberer und eine grosse Anzahl Kanarier dieser Insel an.

Als die Eroberer ankamen, war die Insel in zwölf Bezirke aufgeteilt: Aridane, Tihuya, Tamanca, Ahenguareme, Tigalate, Tedote, Tenegua, Adeyahamen, Tagaragre, Tagalguen, Hiscaguan und Aceró, die von Mayantigo, Echeyde, Tamanca, und Azucuabe, Jariguo und Gareacua, Bentacayce, Atabara, Bediesta, Temiaba, Bediesta (von Tagalguen), Atogmatoma und Tanausú regiert wurden.[38]

Diese Insel war schon bei verschiedenen Gelegenheiten, aber ohne Erfolg, angegriffen worden. Der bedeutendste Angriff war der von Guillén Peraza, des Sohnes von Fernán Peraza, der Zusammen mit mehr als zweihundert seiner Leute ums Leben kam.[39]

Lugo ging am Strand von Tazacorte an Land, und die Einheimische Gasmirla la Palmense, die schon früher gefangengenommen worden war, diente ihm als Dolmetscherin. Mit falschen Versprechungen konnte er es erreichen, dass kein Widerstand geleistet wurde. Die Bezirke von Aridane, Tihuya, Tamanca und Ahenguarem unterwarfen sich, Als er aber nach Tigalate kam, sah er, dass die beiden Fürsten, die dort regierten, zum Kriege und nicht zur Ergebung bereit waren.

Lugo besiegte sie im Kampf, indem er einige tötete und die gefangen nahm, die noch Widerstand leisteten. Andere flohen in die Berge. Die Eroberung ging ohne grosse Schwierigkeiten vor sich, da die Mehrheit der Einheimischen sich in die Berge zurückgezogen hatte, wo sie die Spanier vor allem mit Steinen angriffen, wenn diese in die Schluchten eindrangen. Als Lugo nach einigen Monaten in den Bezirk von "Aceró" (Caldera de Taburiente) kam, konnte er dort, wo der gefürchtete "Tanausú" herrschte, nicht eindringen. So versuchte er sein Glück anderswo und als er keinen Erfolg hatte, schickte er einen schon getauften Verwandten von Tanausú hin, um ihn zu überzeugen, dass ihn gute Behandlung erwarte, und dass ihm seine Ländereien gelassen würden, wenn er sich ergebe.

Tanausú antwortete ihm, dass er mit Lugo sprechen wolle, dass aber die Christen sich aus seinem Gebiet zurückziehen sollten. Als sich Tanausú vertrauensvoll zu dem Treffpunkt begab, hörte er nicht auf die Warnungen seines Verwandten Ugranfir, dass die Spanier keine Friedenszeichen trügen. Nach einem schweren Kampf, in dem auf beiden Seiten einige ums Leben kamen, wurde er von Lugo und dessen Truppen überrascht und gefangen genommen, wobei er sich bitterlich beschwerte, dass Alonso de Lugo sein Wort nicht gehalten habe.[40]

Fernández de Lugo schiffte Tanausú mit anderen Gefangenen von La Palma ein, um ihn nach Spanien zu schicken, doch der tapfere Führer zog es vor, zu verhungern, nachdem er sein Land aus den Augen verloren hatte: "Vacaguare, vacaguare", rief Tanausú laut; "ich will sterben."

Das war der Verrat Lugos an einem Mann, der sich unterwerfen wollte, nachdem er mit Recht um die Freiheit seiner Heimat gekämpft hatte.

DIE EROBERUNG VON TENERIFFA

Nun musste noch diese gefürchtete Insel erobert werden. Dies hatten die Conquistadoren von den bereits eroberten Inseln aus oft versucht, doch hier befanden sich der mächtige Benchomo und andere Könige der Insel immer auf der Hut vor Eindringlingen.

Als Fernández de Lugo im Jahre 1494 ankam, fand er die Insel in neun menceyatos oder Königreiche aufgeteilt: Anaga, Tegueste, Tacoronte, Taoro, Icod, Daute, Adeje, Abona und Güimar.

Jedes von diesen Reichen wurde von einem mencey (König) regiert und ein achimencey regierte in Punta de Hidalgo (=Adeliger).

Die Königreiche Anaga, Güimar, Abona und Adeje gehörten einem sogenannten Friedensbund an, da sie bereits Jahre vor der Eroberung einen Vertrag geschlossen und die Evangelisierung begonnen hatten.

Auch die Königreiche Tegueste, Tacoronte und Taoro vereinten sich, während Icod und Daute es vorzogen sich selbst zu verteidigen. Für Lugo vereinfachte sich dadurch die Lage, da er mit der Neutralität der vier Königreiche rechnen konnte, nachdem er ihnen alle denkbaren Versprechen gegeben hatte. Er kam mit 1.200 Männern, die hauptsächlich vom spanischen Festland kamen, aber es befanden sich unter ihnen auch Eingeborene der Inseln. Er ging an der Küste von Añaza (heute Sta. Cruz de Tenerife) an Land, fand geringen Widerstand und beschloss nach Aguere (La Laguna) hinaufzuziehen.

Benchomo kam ihm mit dreihundert Männern entgegen, um festzustellen, was die Eindringlinge wollten. Lugo bediente sich des Dolmetschers Guillén Castellano und sagte, dass er käme, Freundschaft zu suchen und um sie zu bitten, sich zum Christentum zu bekehren und sich dem spanischen König zu unterwerfen. Benchomo antwortete: "Was die Freundschaft anbetrifft, so braucht kein Mann sie abzulehnen oder vor ihr flüchten, denn sie wäre für beide Seiten gut, und er würde diese Freundschaft gerne und guten Willens annehmen, wenn Lugo sein Land verlassen und die Einwohner in Frieden lassen wolle. Sie könnten sich auch dessen, was es in diesem Land gäbe und ihnen angenehm wäre, ohne weiteres bedienen. Aber in Hinsicht auf Christ zu sein wüssten sie weder was für ein Ding das Christentum wäre, noch verständen sie diese Religion. Noch weniger seien sie einverstanden mit einer Unterwerfung unter den spanischen König, da sie niemals Abhängigkeit von einem Mann anerkannt hätten wie von diesem." [41]

Dann er zog sich mit seinen Leuten zurück.

Fernández de Lugo beschloss, in das Tal, wo Benchomo herrschte, einzudringen. Er kam durch Tegueste und Tacoronte, ohne auf Widerstand zu stossen. Bei der Ankunft in La Orotava und in Taoro herrschte Ruhe, da sammelte er viel Vieh zusammen und befahl umzukehren. Als er in die Schlucht von Acentejo kam, stiess er auf 300 Guanchen, die Benchomo unter der Führung seines Bruders Chimenchia (Tinguaro)[42] vorausgeschickt hatte. Die Guanchen griffen sofort mit aller Gewalt an, verscheuchten das Vieh, das ihnen gestohlen worden war, und gaben den Spaniern keine Gelegenheit ihre Feuerwaffen zu benutzen. Bald kam Benchomo mit seinen restlichen Männern an. Sie jagten die Feinde in die Flucht und töteten 900 Christen. Ungefähr 300 Männer einschliesslich etwa 90 Kanarier flohen.

Alonso de Lugo tauschte seine Kleidung gegen die eines Kanariers und flüchtete. Er war am Munde schwer verletzt. Der Kanarier wurde währenddessen verfolgt und getötet. Lugo verbarg sich mit einigen seiner Leute in der Festung von Santa Cruz und begab sich von dort aufs Meer, um Nachschub zu suchen.

Die Guanchen fanden dreissig Männer, die sich in einer Höhle versteckt hatten, und Benchomo befahl, sie nach Añaza zu schaffen.

Mit einer so kleinen Zahl von Leuten blieb Lugo keine andere Wahl übrig, als sich zurückzuziehen.

DIE RÜCKKEHR VON LUGO UND DIE SCHLACHT VON LA LAGUNA

Fernández de Lugo kehrte mit ungefähr 700 Männern aus Spanien und mit noch mehr Eingeborenen von den anderen Inseln zurück, insgesamt etwa so viele wie zuvor. Sobald er in Añaza (Santa Cruz) ankam, befahl er nach La Laguna zu marschieren, wo die Kanarier, die auf der Hut waren, auf sie warteten.

Benchomo und seine Verbündeten traten mit mehr als 5.000 Mann an. Es entwickelte sich eine erbitterte Schlacht, in der viele Guanchen den Tod fanden. Der tapfere Benchomo bekämpfte an diesem Tage bis zu sieben Männer gleichzeitig.

Und nachdem er sich verteidigt hatte, floh er schwer verwundet über eine Anhöhe bei San Roque, wo er von dem Hauptmann Buendía getötet wurde.

Als die Guanchen sahen, dass es nutzlos war in einem für sie so unvorteilhaften Gelände weiterzukämpfen, zogen sie sich zurück. In dieser Schlacht fiel auch der mutige Chimenchia. Nun ernannten die Guanchen Bentor, den Sohn Benchomos, zum König.[43]

Nachdem die Spanier Benchomo getötet hatten, schickten sie den Kopf in sein Reich, damit die Eingeborenen sich ergeben sollten. Die

Antwort hiess jedoch, dass "sie den Kopf dorthin bringen würden, wo der Körper geblieben war; dass sie dies nicht erschüttere; dass aber ein jeder seinen eigenen Kopf in acht nehmen solle." [44]

Alonso de Lugo zog sich mit seinen Leuten nach Santa Cruz zurück und blieb dort einige Monate ohne ein neues Abenteuer zu versuchen, und die Soldaten wollten in Anbetracht der grossen Missgeschicke, die ihnen passiert waren, die Eroberung aufgeben.

DIE ZWEITE SCHLACHT VON ACENTEJO

Man berichtet, dass durch die Toten der Schlacht von La Laguna eine Seuche in dieser Gegend ausbrach, und deshalb wohl hätten sich die Spanier entschlossen, nicht in das Tal von Taoro vorzudringen. Doch besteht kein Zweifel daran, dass die Spanier nach der so grossen Niederlage von Acentejo sich fürchteten, in die Gebiete zu ziehen, wo die Guanchen stark waren und auf sie warteten.

Eine Zeitlang machten sie nur einige Einfälle in die Königreiche von Tegueste und Tacoronte. Schliesslich beschloss Lugo in das Tal, in dem sich die Könige des Nordens auf diese grosse Schlacht vorbereiteten, einzudringen. Die Soldaten nahmen von einander Abschied, weil Lugo sich entschlossen hatte, entweder zu siegen oder zu sterben. Der ausgewählte Ort befand sich sehr nahe des vorherigen bei Acentejo. Lugo teilte seine Truppen in zwei Gruppen auf. Er führte die eine und Lope Hernández de la Guerra die andere. Die Schlacht begann, und die Spanier behaupteten sich durch ihre bereits vorbereiteten Feuerwaffen. Nach einigen Stunden des Kampfes bemerkten die Spanier, dass sie anfingen zu siegen und riefen "Viktoria!" (Sieg). Die Guanchen, die nicht gefangen genommen wurden, flohen in die Berge, doch schreibt Espinosa, dass viele Tote zurückblieben.

Diese Schlacht fand am 25. Dezember 1495 statt. Hier entschied sich endgültig das Kriegsglück. Von diesem Tage an gab es nur noch kleinere Widerstände, und die Mehrheit der Kriegstruppen der Guanchen zog in die Berge.

König Bentor, der sich in die Höhen seines Reiches zurückgezogen hatte, stürzte sich, als er seine Hoffnungen verloren sah, in rituellem Selbstmord von einer Klippe bei Tigaiga in eine Schlucht.

Die Eroberung der Kanarischen Inseln dauerte 94 Jahre. Sie begann im Jahre 1402 und endete im Jahre 1496. Auch die Spanier bewunderten diese Männer, die so wild um die Freiheit ihrer Heimat kämpften, von denen einige lieber sterben wollten, als sich als Sklaven zu sehen. Auch ihre Grosszügigkeit, und dass sie ihren Feinden nach der Gefangennahme vergaben, fanden sie bemerkenswert.

Espinosa sagt in Hinsicht auf die Eroberung (conquista): "... der Krieg, den die Spanier gegen die Eingeborenen dieser Inseln führten... war ungerecht und ohne jeden Grund, denn weder besassen sie Ländereien der Christen, noch überschritten sie ihre Grenzen, um Fremde zu überfallen oder zu belästigen. Aber wenn man erwähnt, dass sie ihnen das Evangelium brachten, so hätte dies durch Predigen und nicht mit Trommel und Fahne geschehen müssen".[45]

DRITTER TEIL

DIE KOLONISATION UND DAS ÜBERLEBEN DER GUANCHEN

ANALYSE DER EROBERUNG

Es gibt keine genauen Angaben über die Zahl der Eingeborenen der Kanarischen Inseln zu jener Zeit. Man weiss annähernde Zahlen von einigen Inseln, jedoch nicht von allen.

Wenn zu Beispiel Lanzarote zu Zeit von Bethencourts Ankunft 300 Krieger hatte, kann man annehmen, dass es dort nicht mehr als insgesamt 1000 Einwohner gab. Fuerteventura hatte wesentlich mehr Bewohner als Lanzarote, leider gibt es auch hierfür keine zuverlässigen Angaben. Man nimmt an, dass El Hierro spärlich besiedelt war, weiss jedoch nicht, wie wenige dort lebten.

Durch die Eroberung gab es nicht sehr viele Tote unter den Eingeborenen, die sich relativ rasch an die neue Gesellschaft anpassten. Wie wir gesehen haben, war La Gomera schwer zu unterwerfen, daher gab es dort mehr Tote und viele Gefangene, dennoch überwogen die Ureinwohner in der Bevölkerung der Insel. Auf Gran Canaria, La Palma und Teneriffa waren die Verluste grösser gewesen, dafür war sicherlich auch die Anzahl der Bewohner von jeher höher gewesen als die der übrigen Inseln.

Gran Canaria kann zur Zeit der Eroberung eine Einwohnerzahl von 20 - 30.000 gehabt haben, vielleicht sogar mehr, denn in einigen Bezirken gab es eine grosse Anzahl von Männern.

Teneriffa hatte sicherlich 30.000 Menschen, wenn allein Benchomo über 5.000 Mann verfügen konnte. Es ist anzunehmen, dass in anderen Teilen der Insel - vor allem um Güimar - noch einige Tausende lebten. Kennt man die Zahl der aktiven Krieger, ist es nicht glaubhaft, dass es weniger als die vorgenannte Zahl von Einwohnern gewesen sein kann.

Zählt man die Toten, die es in den Kämpfen gegeben hat, dann kommt man zu dem Schluss, dass nur einige Schlachten erhebliche Todesopfer forderten.

Laut der Berichte von Chronisten waren die Zahlen auf Gran Canaria: 300 oder 30 Ureinwohner je nachdem ob man Galindo oder Gómez Escuderos glauben will; in der Schlacht, während der Doramas den Tod fand, gab es nicht viele Tote, da er gleich zu Anfang des Kampfes starb. Das gleiche gilt für die darauf folgenden Kämpfe, da sich die Einheimischen ihrem früheren König ergaben.

Auf Teneriffa fanden vor allem zwei Schlachten statt, die eine hohe Anzahl von Todesopfern forderten: die bei La Laguna und die in Acentejo. Allerdings weiss man nicht, ob die Chronisten die Anzahl nicht übertrieben haben, weil sie möglicherweise die Anzahl der Gefallenen auf spanischer Seite in der ersten Schlacht von Acentejo ebenfalls übertreiben wollten.

Auf La Palma gab es keine grossen Kämpfe, die Zahl der Todesopfer war dementsprechend gering.

Auf jeden Fall war die Zahl der Toten nicht so hoch, wie manche meinen. Die Mehrheit der Krieger wurde gefangengenommen, floh in die Berge oder ergab sich. Es gab einige, die den Tod vorzogen, indem sie sich von hohen Klippen herabstürzten oder freiwillig verhungerten - hierbei handelt es sich jedoch um eine Minderheit.

DIE LAGE DER GUANCHEN NACH DER EROBERUNG

"Als im Jahre 1402 die Eroberung durch Juan de Bethencourt begann, änderte sich die Lage, da es unmöglich war, die gesamte Einwohnerschaft der Inseln Lanzarote und Fuerteventura zu Sklaven zu machen. Gegen 1423 war der grösste Teil der Ureinwohner von Lanzarote, Fuerteventura und El Hierro zum Christentum bekehrt worden."[46]

Die Lage der Ureinwohner war abhängig von ihrem Verhalte zum Zeitpunkt der Eroberung. "Man muss jedoch einen wesentlichen

Unterschied zwischen den Eroberungen von Gran Canaria (G.C), La Palma und von Teneriffa machen. Auf jener Insel (G.C) sah man die Freiheit im Zusammenhag mit der persönlichen Einstellung, die der Eingeborene dazu hatte. Man respektierte die Friedensverträge und die, die sich friedfertig unterwarfen und sich damit einer gewissen Sicherheit unterstellten. Auf La Palma und auf Teneriffa aber wertete man die Freiheit einer geographisch begrenzten Zone (nämlich der Heimat). Die Bewohner der als "Friedensbund" bekannten Gebiete sollten frei sein. Alle anderen Eingeborenen wurde zu Sklaven des "Guten Krieges" gemacht, unabhängig von ihrem Verhalten zur Zeit des Kampfes und des Widerstandes."[47]

Trotzdem aber respektierte Lugo weder diejenigen, die ihm Hilfe leisteten noch diejenigen, die neutral blieben und nahm über tausend Eingeborene gefangen, auch wenn sie zu den Gebieten des Friedensbundes gehörten. Hiervon hielt sich Lugo an die 300 auf Teneriffa und eine andere grössere Guanchengruppe, die er insgeheim auf seinen Besitzungen bei Sanlúcar de Barrameda bei Juan de Guzmán, dem Herzog von Medina-Sidonia, festhielt.[48]

Als die Katholischen Könige durch Rodrigo de Betanzos hiervon Kenntnis erhielten, erging der Befehl, diese Guanchen, die Christen waren, zu befreien. Auf Teneriffa ging dies schnell vonstatten, aber auf dem Festland geschah dies nur nach einer langwierigen Nachforschung.[49]

Den Eingeborenen fiel es nicht leicht, sich dem Stadtleben anzupassen, und es bestand unter ihnen ein grosses Solidaritätsgefühl. Einzelne stahlen ihren Herren das Vieh und gaben es den freien Guanchen. Mit Wirkung vom Jahr 1500 ab verfügte das Cabildo von Teneriffa, dass "...alle Guanchen und Guanchenfrauen nicht eher frei sein können, bevor sie nicht ihren Herren sechzehn Jahre lang gedient haben..."[50]

Die Bestrafungen waren in manchen Fällen sehr hart. "Der Sklave, der von heute an zu fliehen versuchen sollte, wird deswegen getötet, und die Gerichtskosten sollen von seinem Hern getragen werden. Sollte es sich um eine Frau handeln, so soll sie 100 Peitschenhiebe erhalten und ausser Landes verwiesen werden." Im Jahre 1504[51] wurde bekanntgegeben, dass alle freien Guanchen "... gegen Lohn arbeiten sollten... sie sollten aus ihren Verstecken kommen und kämen sie nicht, würden sie eine bestimmte Zeit in Gefangenschaft verbringen müssen; die Hälfte der Haftzeit würde auch denjenigen treffen, der sie versteckt hatte." - Eine andere Massnahme, die vom Cabildo getroffen wurde, betraf den Einsatz von kastilischen Hirten, die binnen vier Monaten die Hirten der Guanchen ersetzen sollten,[52] "weil die Guanchen-Hirten Diebe sind und die ganze Insel berauben sowie das Vieh vernichten, worüber das ganze Volk sich beschwert, aber bisher konnte man keine kastilischen Hirten einsetzen, da es keine gab."[53] - Die Massnahme wurde nie verwirklicht, alles verblieb beim Alten. Im Jahre 1507 wurde sogar ein Verbot durch das Cabildo aufgehoben, dass den Guanchen -Sklaven untersagt hatte, sich ausserhalb der Ländereien ihrer Herren aufzuhalten.

Eine der ersten Massnahmen, die die Einwanderer trafen, war die Umsiedelung der Eingeborenen von Insel zu Insel. Sie waren leichter zu unterwerfen, wenn sie ausserhalb ihrer Geburtsinsel lebten. Andere Eingeborene wurden auch auf andere Inseln als Freie oder als Verbannte geschickt.

Auf Teneriffa gab es eine Gruppe Kanarier, die man zur Eroberung der Insel herangeschafft hatte und die nun versuchte, auf ihre Insel zurückzukehren.

"Die Kanarier, die sich auf Teneriffa niedergelassen hatten, bildeten nach der Friedensschliessung eine geachtete und einflussreiche Minderheit, die stets von den Kastiliern als gleichberechtigt behandelt wurden."[54]

Es verblieben auch von La Gomera und von La Palma herstammende Gruppen auf Teneriffa. Das gleiche geschah auf Gran Canaria mit Gomeros und einer ansehnlichen Gruppe von Teneriffa in Arquineguín.[55] Die Anzahl der einheimischen Sklaven auf den Inseln war gross, doch es lebten auch viele als Sklaven oder als Verbannte in Sevilla und an anderen Orten im Südosten von Spanien.

Um sie in Sevilla zum Christentum zu bekehren und auch, um sie loszuwerden, verbannte Pedro de Vega sogar Frauen und Kinder von Gran Canaria. Doch Fernando Guanareme setzte sich im Jahre 1485 für seine ehemaligen Untertanen bei Hofe ein, und die Katholischen Könige begannen Massnahmen zu treffen, "... um diesem Zustand abzuhelfen und auch, damit sie sich nicht weiter zusammenrotten könnten. Es wurde Juan Guillén, der Oberbürgermeister von Sevilla, damit beauftragt, sich auf private Weise um die Kanarier zu kümmern und sie vor allem Leid zu schützen, auch sie zu verpflichten sich Herren zu suchen, um zu dienen, Ehemänner zusammen mit ihren Ehefrauen. Die, die nicht verheiratet waren, sollten von den Frauen getrennt werden... wegen des Ansehens der Kirche ...diejenigen, die Schaden anrichteten, sollten vorsichtig bestraft werden, solange sie noch nicht die christliche Lehre und Sitten angenommen hätten..." [56]

Andere verblieben auf der Insel, und es ist anzunehmen, dass die relativ wenigen Einwanderer die grosse Anzahl von Ureinwohnern nur langsam unter ihre Herrschaft bringen konnten.

"Der Bischof Juan de Frías und der Gouverneur Pedro de Vera verteilten kanarische Kinder unter die Bürger, um ihnen auf diese Weisse den christlichen Glauben beizubringen. Verheiratete, die als Paar zusammenlebten, bekamen Mädchen zugewiesen, während Junggesellen sich um die Knaben zu kümmern hatten." [57]

Zusammenfassend kann man sagen, dass trotz aller Ungeheuerlichkeiten und Ungerechtigkeiten, die von den Einwanderern begangen wurden, es viele Tausende von Eingeborenen, Sklaven und Freie gab, die an der Bildung der neuen wirtschaftlichen und sozialen Gesellschaft teilnahmen.

DIE KOLONISATION UND DIE AUFTEILUNG DES LANDES

Wie bereits erwähnt, war die Lage der durch Juan de Bethencourt zuerst eroberten Inseln anders als die von La Palma, Teneriffa und Gran Canaria.

Man weiss nur von den Eroberern und Siedlern, die die Inseln bevölkerten und von einigen Eingeborenen, die bei der Verteilung von Land und Wasser Glück hatten. Leider weiss man nur wenig über die grosse Anzahl der Sklaven, sie sich auf den ausgedehnten Ländereien der Siedler befanden. Dadurch wurde der Eindruck erweckt, dass die Ureinwohner grösstenteils verschwunden waren, und die Kanarischen Inseln hauptsächlich von Festlandspaniern und nur wenigen Einheimischen bewohnt wurden.

Die Siedler beachteten die Einheimischen kaum, da sie in ihnen lediglich Ungläubige sahen, die-mit wenig Ausnahmen-ihnen als Menschen unterlegen waren.

Die Zahl der Siedler war übrigens nicht so gross, wie einige es sich vorstellten. Zur Eroberung von Gran Canaria kamen anfangs 600 Männer. Später kamen weitere 200 vom Baskenland und zum Schluss kam noch ein Nachschub von 200 Männern.[58] Von ihnen verloren viele ihr Leben, vor allem in der Festung "Ajodar",[59] wo die meisten aus dem Baskenland starben. Zählt man insgesamt 1000 Männer, dann blieben etwas mehr als 700 am Leben, von denen die Mehrheit von Lugo auf das Festland zurückgeschickt wurde.[60] Später kamen noch einige wenige Siedler dazu und liessen sich auf der Insel nieder, um sich an der Ausbeutung der Reichtümer zu beteiligen. Bei den ersten Landzuteilungen gab man ungefähr 30 Siedlern, einschliesslich des Gouverneurs Pedro de Vera, grosse Ländereien mit Wasserrechten, wie man es aus den Landvergabe-Akten (datas) dieser Insel sehen kann.[61] Später gab es noch weitere Landzuteilungen, doch kann man annehmen, dass die Anzahl der Siedler viel geringer war als die der freien oder versklavten Guanchen.

Auf Teneriffa war es ähnlich. Fernández de Lugo brachte an die 700 Männer aus Spanien und auch einige Siedler von den schon eroberten Inseln mit, abgesehen von den Eingeborenen der anderen Inseln, die noch mal so viele waren. Diesmal blieb die Mehrheit am Leben, doch muss es auch noch Todesfälle gegeben haben. "Doch jetzt, nachdem er die Insel befriedet, kehrte die Mehrzahl der Soldaten nach Kastilien in ihre Heimat zurück. Den Leuten, die bleiben wollten, gab man das Bürgerrecht und einen Anteil Land."[62] Das Land wurde unter den Siedlern und den Familienangehörigen von den anderen Inseln und auch unter den Eingeborenen, die zu Eroberung gekommen waren, gleichmässig verteilt. Diese wenige hundert Eroberer waren die gleichen, wie die von La Palma und so verblieb der grösste und beste Teil des Landes in ihren Händen.

Die Landvergabe-Akten (datas) von Teneriffa bestätigen, dass die Siedler nicht zahlreich waren. Man begann 1497 mit der Zuteilung der Besitztümer, und in zwanzig Jahren kam es auf nicht mehr als etwa 1900 Zuteilungen, einschliesslich der von La Palma. Auch gab es Siedler, die eine ganze Anzahl Zuteilungen an verschiedenen Orten erhielten. In die fast 1990 Zuteilungen muss man viele Eingeborene einrechnen, die an der Eroberung teilgenommen hatten und andere auf Teneriffa, die von ihren Herren, denen sie gedient hatten, einige Besitztümer erhielten.

Wenn sowohl auf Gran Canaria als auf Teneriffa die Mehrzahl der Eroberer, die hergebracht worden waren, wieder auf das Festland geschickt wurden, dann heisst dies, dass ungefähr 300 auf jeder Insel zurückblieben. Wenn die Mehrzahl dieser zurückgebliebenen Siedler sich mit den eingeborenen Frauen verheiratete, wie es heisst, dann muss man noch mit einer kleinen Elite rechnen, die später ihre Familienanhörigen, darunter auch Maurer, Schreiner und andere Handwerker nachholten, und auch die Portugiesen, die als Angestellte zur Aufsicht über die Zuckerrohrmühlen in den grossen Ländereien tätig waren. Wenn man bedenkt, dass jeder Siedler viele Sklaven zur Verrichtung der Arbeiten hatte, dann bedeutet dieses auch, dass die Anzahl der Siedler viel geringer war als die der Eingeborenen. Auch darf man die Eingeborenen des "Friedensbundes", die in Freiheit lebten und die grosse Zahl Guanchen, die noch Widerstand leisteten und weiterhin zur Kriegspartei gehörten, nicht vergessen.

BEISPIELE VON LANDZUTEILUNGEN AN EINGEBORENE MIT SPANISCHEM NAMEN

(f = fanegada, c = cahiz, calemina, etwas mehr als eine halbe fanegada) (data = Landvergabe-Akte)

Data Nr. 1326: Elvira Hernández, die Schwester von Pedro el Bueno und von Gaspar Hernández, meine Diener, von dieser Insel, die meine Patentochter ist und heiraten will, gebe ich für den guten Dienst, der mir geleistet wurde 400 f. Land in Abona...

Data Nr. 576: An Diego de Bauten, Eingeborener dieser Insel, ...60 f. Saatland...

Data Nr. 306: An María de Lugo, Frau des verstorbenen don Pedro, Eingeborene dieser Insel Teneriffa, 100 f. Brachland im Stadtgebiet von Adeje...

Data Nr. 1.303: An Pedro Martín, Eingeborener dieser Insel, und an Francisco Delgado, meine Diener, gebe ich einige Höhlen...

Data Nr. 40: An Miguel de Agoymad (Güímar), Bürger und Eingeborener dieser Insel, zwei c. Brachland.

Data Nr. 720: An Pedro Abtejo von La Gomera, Bürger von Teneriffa, in der Nachbarschaft 8 f. Brachland.

Data Nr. 1.292: An Francisco Hara von La Gomera 4 c. Brachland, die in drei ...Ich sage ich gebe euch 30 f...

Data Nr. 151: An Fernando, Sklave. Ich der Statthalter (adelantado) schenke euch, Fernando, meinem Sklaven, eine f. Bewässerungsland zusammen mit deiner Höhle...

Data Nr. 362: An Alonso de Córdoba, Kanarier aus Gran Canaria, ein Stück Land...

Data Nr. 694: An Martín Cosmes und Diego Delgado, Kanarier, meine Diener, ein Stück Land...

Data Nr. 906: An Antonio Díaz, Kanarier wie Eroberer, ein Landrücken bei Acentejo...

Data Nr. 272: Juan Uramas (Doramas), Rodrigo el Coxo (der Lahme), Francisco de León und Fernando de León ...Kanarier ...flehen Euer Gnaden an, uns einige Ländereien zuzuteilen...

Data Nr. 664: An Juan Fernández, Kanarier...

Data Nr. 669: Guillén García, Kanarier...

Data Nr. 813: Alonso González, Kanarier...

Data Nr. 868: Pedro de Lugo, Kanarier...

Data Nr. 454: Diego de Manzanilla, Pedro de Menenidra. "Ich der Gouverneur Alonso de Lugo ...gebe euch...".

Data Nr. 913: Pablo Martín, Kanarier...

Data Nr. 824: Martín Cosmes, Juan Ramos, Diego Pestano, Martín de Vera und Rodrígo García, Kanarier...

Data Nr. 1.845: Gonzálo de la Fuente und Juan Sánchez, Kanarier... (15.1.1506).

Data Nr. 69: Pedro Camacho ... Eingeborener von Gran Canaria...

Data Nr. 17: An Fernando Guanarteme ...geben und versprechen wir euch don Diego... der König von Adeje auf der Insel von Teneriffa war, die Gabe von 30 f. Land mit dem dazugehörigen Wasser...[63]

Es wurden noch einige Landzuteilungen an Einheimische von Teneriffa gemacht, während wesentlich mehr Einheimische auf Gran Canaria Land erhielten.

Zusammenfassend kann gesagt werden, dass nur einige tausend Siedler die Inseln bewohnten, und die Felder dank der billigen Arbeitskraft der Sklaven bestellt und das Vieh gehütet wurde.

MASSNAHMEN DER KRONE ZUGUNSTEN DER EINGEBORENEN

Die Kirche spielte von Anfang an eine wichtige Rolle zum Schutz der Eingeborenen der Kanarischen Inseln gegen Ungerechtigkeiten seitens der Siedler.

1477 nahm Fernán Peraza einige hundert Gomeros mit ihren Frauen gefangen und brachte sie nach Sevilla. Bischof Juan Frías erfuhr davon und wandte sich an den Spanischen Hof, wo er erreichte, dass sie freigelassen und ihm persönlich ausgeliefert wurden. Einige der Gomeros waren bereits verkauft worden, so dass die Auslieferung mit dem Recht einer Gelderstattung verbunden werden musste.[64]

Eine Erklärung der Königin Isabel (die Katholische) lautete: "Uns ist zu Ohren gekommen, dass einige Personen Kanarier gebracht haben, ...die Christen sind sowie andere, die bereit sind, unseren Glauben anzunehmen... und sie verkaufen sie als Sklaven. Dies wäre ein schlechtes Beispiel und Anlass dafür, dass niemand mehr zum Heiligen Katholischen Glauben übertreten will, daher wollen wir dies verhindern ... und beschliessen diesen Brief zu entsenden. Hiermit befehlen wir, das nicht einer der Leute, die hergebracht werden ... verkauft werden darf."[65]

1478 wurden die Gomeros zurückgegeben, jedoch von Pedro de Vera in Las Palmas behalten, bis die Katholischen Könige ihm befahlen, sie nach La Gomera zu bringen.[66]

Die Anzeigen gegen Pedro de Vera - sicherlich durch Bischof Frías erstattet - hatten den Einsatz eines Untersuchungsausschusses zu Folge, der Entscheidungen treffen sollte; mit Hilfe von spanischen Adeligen und Rechtsanwälten, als Verteidiger der Eingeborenen, wurde eine für die Kanarier günstige Lösung gefunden.[67]

Fernán Peraza, der Herr über La Gomera, hatte gegen die Eingeborenen dieser Insel so viele Rechtsbrüche begangen, dass diese, der Ungerechtigkeit überdrüssig geworden, den Beschluss fassten, ihn zu töten. Die Gomeros wussten, dass Peraza mit der Prinzessin Yballa eine Liebschaft hatte und nützten die Gelegenheit, als er sie in einer Höhle besuchte. Sie ermordeten ihn dort im Jahre 1488.

Beatriz de Bobadilla, die Ehefrau des ermordeten Peraza, bat Pedro de Vera um Hilfe, damit er die Mörder ihres Mannes bestrafe. Dieser liess einige töten, nahm dann aber 400 Gomeros gefangen, worunter sich auch Unschuldige befanden, und liess alle als Sklaven verkaufen. Auch diese erhielten ihre Freiheit zurück nach einer langen Untersuchung, welche die Katholischen Könige angeordnet hatten, und mit Hilfe von Anwälten, Bischöfen und Missionaren.[68]

Als Folge dieser Rechtsbrüche musste Beatriz de Bobadilla auf Befehl der Katholischen Könige 500.000 Maravedíes (Kupfermünzen) als Entschädigung an die Gomeros zahlen.

Aus dem gleichen Grund wurde Pedro de Vera, der Eroberer und Gouverneur von Gran Canaria, seines Dienstes enthoben.

Über zwei Menceys (Guanchen-Könige) sind uns Nachrichten überliefert worden: Diego von Adeje und Fernando von Anaga. Letzterer wurde gezwungen, auf Gran Canaria zu leben. - "Lugo nahm seinen Sohn

Enrique de Anaga gefangen. Im Jahr 1501 wurde er durch die Vermittlung des Prozessbevollmächtigten für die Armen am Hofe, Alonso de Sepúlveda, wieder frei. Dem Vorgenannten hatten die Monarchen den Sonderauftrag erteilt, Palmeros und Guanchen von ihren Unterdrückern zu befreien."[69]

Die Rechtsbrüche und Sepúlvedas Auftrag fanden ihr Echo im Gerichtsverfahren bezüglich des Wohnsitzes, das auf Befehl des Königs 1508 stattfand gegen den Gouverneur von Teneriffa und Statthalter der Kanarischen Inseln, Alonso Fernández de Lugo. Der Richter und gleichzeitig Gouverneur von Gran Canaria, López de Sosa, verurteilte ihn zur Zahlung von 40.000 Maravedíes an "die Kinder des Königs von Adeje". Ein weiterer Eingeborener königlicher Herkunft, Andrés de Güímar, erhielt auf Grund dieses Urteils 50.000 Maravedíes als Entschädigung." [70]

Lugo hatte sich auch eines Rechtsbruchs gegen den Prinz von La Palma, Sohn eines Heerführers der Insel, zuschulden kommen lassen; der in Madrid ansässige Gazmira informierte den Hof darüber. - "Und zu dem Zeitpunkt als Lugo diese Insel zu erobern begann, schlossen sich die Kanarier zu Bünden zusammen und halfen ihm die Eroberung durchzuführen, bis die Insel besetzt werden konnte. ... und die Kanarier eines dieser Bünde wurden Christen, wonach die Männer ihre Frauen heirateten, wie es die Heilige Kirche verlangt, und auch viele des anderen Bundes liessen sich zum Christentum bekehren."[71]

Lugo nahm weitere 200 Eingeborene aus den Friednsbünden gefangen unter Vorwänden, die nicht rechtens waren, und wiederum konnte Gazmira sich bei Hof durchsetzen zu Gunsten der Kanarier.[72]

Durch das Eingreifen von Rodrigo de Betanzos, der sich bei Hof einsetzte und die Verteidigung der Eingeborenen übernahm, wurden die 200 vom Friedensbund, die Lugo in seiner Gewalt hatte, bald befreit.[73]

Im Jahre 1500 ging die Verteidigung der Palmeros und Guanchen am Hof von Sevilla unter der Leitung des Rechtsanwaltes Maluenda und des Prozessbevollmächtigten Sepúlveda weiter. Sobald die Untersuchungen begonnen hatten, wurden die Sklaven von ihren Herren an einen anderen

Ort gebracht, danach erhielten die Verteidiger jedoch die Vollmacht, die Sklaven ausserhalb Sevillas zu suchen.

Der bereits erwähnte Pedro Fernádez aus La Palma begann 1502 zusammen mit den beiden Eingeborenen Miguel Martín und Leonor Morales die unterdrückten Palmeros und Guanchen zu vertreten, um ihren Beschwerden Gehör zu verschaffen. [74]

Nach all diesem Ringen seitens der Eingeborenen und ihren unermüdlichen Verteidigern meint Rumeu de Armas über das Urteil:

"Es gibt genügend Anzeichen, glauben zu dürfen, dass alles im Sinn der Inselbewohner verlief. Erstens spricht der ausserordentliche Gerechtigkeitssinn, der Richtlinie im Königsreich ist, dafür und die Unermüdlichkeit der Bevollmächtigten hat ebenfalls das ihre getan. Zweitens besteht die Tatsache, dass für die Freiheit der Eingeborenen von Gran Canaria und Gomera vor dem Königlichen Gericht und anderen Tribunalen sowie bei Hof gekämpft und gesiegt wurde. Warum sollten die Palmeros und andere Guanchen, die ihre Rechte forderten, eine weniger gerechte Behandlung erfahren ?

Drittens kann als Argument angeführt werden, dass es seither keine Beschwerden mehr gegeben, keine Stimme mehr gehört worden ist, die um Freiheit und Gerechtigkeit zugunsten irgendwelcher Opfer fleht. Allein dies kommt einem "Urteil" gleich." [75]

DIE FREIEN GUANCHEN

Nachdem die Guanchen der "Kriegsparteien" alle Hoffnung verloren hatten, die Eindringlinge von den Inseln zu vertreiben, zogen sie sich in grosser Anzahl in die Berge zurück. Trotz aller Bemühungen konnte Lugo sie nur in seltenen Fällen gefangennehmen, und einige ergaben sich mit der Zeit.

Im Jahre 1499 war "die Lage auf Grund der sehr grossen Anzahl aufständischer Eingeborener, die in die Berge gezogen waren und in Freiheit lebten, höchst schwierig. Sie besassen eine aussergewöhnlich gute Kenntnis des Landes und waren schwer aufzufinden". [76] In diesem

Jahr ordnete Lugo auch an, sie zu überwältigen, ohne dabei den Friedensbund zu belästigen. Der Leutnant des Gouverneurs, Gerónimo Valdés, schlug vor, als Hilfsführer verschiedene Guanchen seines Vertrauens zu benutzen, doch stiess er auf den Protest des Geschworenen Juan de Badajoz, der in dieser Massnahme mehr Gefahren als Vorteile sah."[77]

"Dieses Vorhaben konnte nie in die Tat umgesetzt werden. Der Staatsanwalt sagte sogar, dass er die vermeintlichen Helfer von der Insel verbannen würde und konnte so das von Lugo geplante Projekt verhindern."[78] Den Beweis hierfür haben wir im Protokoll Nr. 494 des Cabildos aus dem Jahre 1506, worin gesagt wird: "Es gibt viele rebellische Guanchen, die das Vieh stehlen und anderen Schaden anrichten".[79]

Nach Rumeu de Armas "...fand das Problem der Freien Guanchen (alzados) keine wirksame Lösung, da die Rebellen, sobald sie in Gefahr gerieten, sich in den Schutz des Friedensbundes begaben. Die Beschlüsse des Cabildos erwähnten Jahre hindurch diese Rebellen mit ermüdender Beharrlichkeit. Die Eingliederung dieser Menschen in die neue Gesellschaft konnte nur mit der Zeit gescheben, und es vergingen mehrere Jahrzehnte, bis dies zustandekam."[80]

Auf der Insel La Palma konnte die Rebellen und vor allem die Leute, die Tanausú folgten, in den vorhandenen tiefen Höhlen, die von Natur aus eine gewisse Wärme haben, zwischen La Cumbrecita und El Pico de la Nieve überwintern.

Nach mündlicher Überlieferung, hauptsächlich durch die Erzählungen der Hirten, weiss man heute, dass die Höhle El Jumo, die nicht von Wäldern umgeben ist, auch als Schutz diente, als die Spanier die Wälder der Berge in Brand setzten, damit sich die Rebellen ergäben.

DIE RÜCKKEHR DER EINGEBORENEN AUF DIE KANARISCHEN INSELN

Die Eingeborenen, die als Sklaven oder Verbannte auf dem Festland lebten, kämpften fortwährend um ihre Freiheit, um in ihre Heimat zurückzukehren.

Wie schon erwähnt, verbannte Pedro de Vera eine grosse Anzahl Eingeborener von Gran Canaria, Frauen und Kinder inbegriffen, nach Sevilla. Diese Menschen begannen zurückzukehren, doch Pedro de Vera gelang es, das zu verhindern, da er Konflikte befürchtete. Denn eine grosse Anzahl dieser Leute schloss sich der einheimischen Bevölkerung auf der Insel an, und er glaubte, dass sie gegen ihn einen Aufstand planen könnten. Von den verbannten Kanariern kehrten einige hundert auf die Insel zurück, sie mussten aber an der Eroberung von La Palma und von Teneriffa teilnehmen.[81] Wenn nun einige Eingeborene derart auf ihre Rückkehr bestanden, ist anzunehmen, dass sie auf ihre Inseln zurückkehrten, sobald die Forderung nach ihrer Freiheit erfüllt war - auch wenn dieser Prozess langsam vonstatten ging.

Manuela Marrero sagt in Bezug auf die Sklaverei: "Der Sklave sucht und erhält die Freiheit häufig durch seine eigenen Mittel..."[82]

"Er erhielt auch die Freiheit indem er für sie zahlte, denn ihre vielen freien Familienangehörige taten alles, um sie zu brefreien und suchten sie sogar auf dem Festland."[83]

Aus diesem Dokument kann man ersehen, wie die Versklavten des "Friedensbundes" von ihren Familien gesucht wurden: "Diego Díaz, Fernán Pérez, Miguel de Güímar, Alonso González, Francisco de Adex, Diego de Armas, Juan Osorio... erteilen Andrés de Güímar eine besondere Vollmacht... um vor die Könige und ihre Ratgeber zu treten und alle notwendigen Schritte zu unternehmen, um das Verfahren für die Freiheit der Guanchen des Friedensbundes gegen den Statthalter durchzuführen."[84]

Viele Guanchen, die aus der Verbannung oder Sklaverei zurückkamen, nahmen wieder ihre alten Kleidern (die tamarcos), mischten sich unter die Freien Guanchen (los alzados) in den Bergen und rieten den Sklaven, sich mit ihnen zu erheben und das Vieh ihrer Herren zu stehlen, da diese es ihnen ja zuvor gestohlen hatten.

Wie man in den Akten des Cabildos von La Palma feststellt, zeigte der Ratsherr Luis Alvarez am 2. November 1577 ein königliches Dekret vor, das er von Händen Seiner Majestät empfangen hatte, wodurch er Erlaubnis erhielt, 500 Sklaven (Zwangsarbeiter) im Werte von 13.000 Dukanten für eine begrenzte Zeit für den Bau eines Hafenkais zu verkaufen (Akte des Cabildos vom 4-12-1579). Die Bitte hatte der vorige Ratsherr Luis Horosco ausgesprochen, als er den König um Hilfe für den Bau dieses Kais bat.

Im Jahre 1587 legte Fernán Rodríguez Perera, Bürger von Sevilla und mit diesem Dienst beauftragt, dem Cabildo der Insel La Palma von dem Verkauf dieser Sklaven Rechenschaft ab.

Wenn man sich fast ein Jahrhundert nach der Eroberung erlauben konnte, von den wenigen tausend Einwohnern dieser Insel eine solche Anzahl als Sklaven zu verkaufen, dann besteht kein Zweifel daran, dass die Eingeborenen die Mehrheit unter der Bevölkerung bildeten. Wie man sehen kann, wurden diese Sklaven nur für eine bregrenzte Zeitspanne verkauft, und sie zögerten nicht mit der Rückkehr.

Viele jener Spanier und Portugiesen, die dem Anschein nach als Siedler auf die Kanarischen Inseln kamen, waren in Wirklichkeit Guanchen, die während ihrer Sklaverei oder Verbannung verschiedene Berufe erlernt hatten, nach vielen Jahren zurückkehrten und gewisse Privilegien nutzten. Dies wird auch von dem Forscher Lothar Siemens Hernández bestätigt, der sich auf Dokumente des sechzehnten Jahrhunderts bezieht und sagt, dass lange vor der spanischen Eroberung die Portugiesen einige hundert Kanarier gefangengenommen hatten, um die Insel Madeira zu bevölkern und sie als Hirten einzusetzen. Diese mehrere hundert Sklaven (oder ihre Nachkommenschaft) kehrten mit portugiesischen Namen und schon als Meister im Anbau und der Verarbeitung von Rohrzucker auf die Kanarischen Inseln zurück.

DIE ANPASSUNG AN DIE NEUE GESELLSCHAFT UND DIE VERSCHMELZUNG VON EINGEBORENEN UND SIEDLERN

Nach der Eroberung mussten die Eingeborenen mit einer wesentlichen Änderung ihrer Lebensweise fertig werden. Abgesehen von einer kleinen Minderheit von Eingeborenen, die sich entweder mit den Eroberern mischte oder sich anpasste, gab es anfangs für die meisten grosse Anpassungsschwierigkeiten. Natürlich gab es auch solche, die wenige Jahre nach der Eroberung schon begannen, sich in der neuen Gesellschaft einzufügen.- "Die Freien Eingeborenen hüteten nicht nur das Vieh und verkauften ihre Erzeugnisse in der Umgebung, sie begannen nun auch landwirtschaftliche Arbeiten zu verrichten wie die Siedler, um ihren Lebensstandard zu erhöhen.

Sie haben eigenes Land, das sie gekauft haben vom Erlös der Jungtiere; durch Schenkungen und Zuteilungen." [85]

Wie bereits gesagt, zögerten die Eingeborenen der Inseln nicht lange, die Sitten und den Fortschritt der Eroberer anzunehmen; sie nahmen Teil am Stadtleben und widmeten sich den Berufen, die sie bei ihren Herren erlernt hatten, als sie noch Sklaven waren. Doch ausser den sich in den Bergen aufhaltenden Rebellen (alzados) gab es noch freie Hirten, die auf den einsamen Höhen ihre alten Guanchensitten und ihre Lebensweise weiterführten. Noch im Jahre 1514 verbot das Cabildo den Eingeborenen in den Bergen Waffen zu tragen, weil sie keine Verbindung zu den Spaniern hatten und noch ihre alten Traditionen weiterpflegten und ihre tamarcos trugen. [86]

Seit den ersten Zeiten der neuen Gesellschaft gab es viele Ehen zwischen den Siedlern und den eingeborenen Frauen, wenn auch nicht so viele, wie man hätte erwarten können. Wenn auch gesagt wird, dass die meisten Siedler ledig waren und hier heirateten, so darf man doch nicht vergessen, dass die Anzahl der Eroberer auf Gran Canaria ungefähr 700 Männer und genau so viel auf den anderen Inseln (La Palma und Teneriffa) betrug. Die Mehrzahl von diesen aber ging, wie bereits gesagt, kurz nach der Eroberung zurück auf das Festland. Hieraus kann man schliessen, dass auf diesen drei Inseln während der ersten Jahre nur einige hundert Eheschliessungen oder Mischehen vollzogen wurden. Diese Ehen wurden zum grössten Teil unter den Eingeborenen geschlossen, die sich der Gesellschaft anpassten, seien sie nun Sklaven oder Freie gewesen. Aber die sich in den Bergen aufhaltenden Rebellen heirateten weitherhin unter sich.

Man muss auch erwähnen, dass von Anfang an Eheschliessungen zwischen den Adeligen der Inseln und den Spaniern stattfanden.

Auf Gran Canaria heiratete Guayamina, die Tochter von Fernando Guanarteme, die sich nach der Taufe Margarita nannte, den Eroberer Miguel de Trexo Carvaja.

Die Eingeborene Arminda (Catalina) heiratete Hernando de Guzmán, den Sohn eines vornehmen Kastiliers.

Die Tochter des "guaire" (Edelmann) Utindana, die auf den Namen Catalina Fernández getauft war, heiratete den Hauptmann Francisco de Cabrejas.

Auf Lanzarote hatte der König Guadarfía Nachkommen, die sich mit den neuen Herren und Befehlshabern der Insel mischten.

Auf Teneriffa heiratete Dácil, eine Tochter von Benchomo (Bencomo), Gaspar Hernández, der vorher König von Abona gewesen war, und die zweite Tochter, die sich María nannte, heiratete den Sohn des mutigen Doramas von Gran Canaria, Juan Doramas.

Pedro Maninidra, der berühmte Krieger von Gran Canaria, hinterliess zwei Kinder, Pedro und Inés. Inés heiratete Miguel González, der ebenfalls von dieser Insel stammte. Aus dieser Ehe ging der berühmte Eroberer von Amerika, Agustín Delgado, hervor.

Es gab auch andere berühmte Inselbewohner, unter denen sich Ibone de Armas befand, der ein Sohn von Juan Negrín, eines Eingeborenen von La Gomera, war.[87]

Unglückseligerweise ist die Inquisition mit Eheschliessungen und Anpassungen an die neue Gesellschaft eng verbunden, denn:

Es ist leider wahr, dass man für den Eintritt in eine höhere Bildungsanstalt nachweisen musste, dass man weder kanarischer, maurischer noch jüdischer Herkunft war. Diese Regel wirkte sich naturgemäss dahingehend aus, dass die Inselbewohner häufig ihre Herkunft verleugneten.- Ausnahmen bildeten die oben erwähnten Familien sowie die Nachkommen von Menceys (Guanchen-Königen), die bald geadelt wurden, und andere, die durch Heirat in eine höhere soziale Schicht gelangten.

Die Inquisition hatte auch die traurige Folge, dass bekehrte Kanarier sofort in geheime Register eingetragen wurden, da man sie mit Misstrauen beobachtete. Die Furcht in diesen gehassten Registern zu erscheinen, bewirkte die Verheimlichung bekannter Familiennamen, wenn diese als "verzeichnet" bekannt waren. Zuweilen wurden Väter und Grossväter verleugnet und Ahnentafeln erfunden, die ebenso unglaubhaft wie lächerlich waren.[88]

Man muss sich dessen mehr schämen, als es zu bedauern. Die Guanchen verdienten diese Diskriminierung nicht. Den Freien oder denen, die lange Jahre Sklaven gewesen waren, wurden die Rechte der Spanier vorenthalten und sie blieben deshalb Bürger zweiter Klasse.

Andererseits beobachtete man, wie die Kanarier ihre eigene Rasse verleugneten und sogar ihre Nachnamen, durch die sie erkenntlich waren, wechselten. Das gibt uns zweifellos zu verstehen, dass nur wenige Jahrzehnte nötig waren, damit die Kanarier (oder wenigstens der grösste Teil von ihnen) sich zu Spaniern verwandelten und nicht zugeben wollten, dass sie kanarischen Ursprungs waren. Diese politische Diskriminierung begünstigte die Eroberer als Herren, da eine ihrer ersten Absichten darin bestand, so bald wie möglich die einheimische Struktur zu zerstören. So nahmen die Guanchen sehr bald, freiwillig oder gezwungenermassen, die spanische Kultur an. Aus all diesem kann man schliessen, dass der "Begriff Guanche" verschwand. Ausserdem wurden die Inselbewohner, nachdem sie spanische Kleidung trugen und spanische Sitten annahmen, nicht mehr als Guanchen betrachtet. Man darf auch nicht vergessen, dass die Guanchen oder vielmehr deren Kinder Opfer von Gespött wurden und ganz sicher wegen bestimmter uralter Sitten von anderen Kindern lächerlich gemacht wurden.

Über die Sitten der Guanchen sagt Fray Alonso Espinosa: "Dieses ist, was ich nach viel und schwieriger Arbeit über die Sitten der Guanchen erfahren und verstehen konnte. Die alten Guanchen sind so kurz angebunden und verschlossen, dass, auch wenn man sie kennt, sie darüber nichts erzählen wollen, weil sie glauben, dass ein Bekanntwerden schädlich für ihr Volk wäre".[89]

DIE KANARISCHE BEVÖLKERUNG ZU BEGINN DES XVI. JAHRHUNDERTS

Wir wissen nichts über die Einwohnerzahl der Kanarischen Inseln nach der Beendigung der Eroberung. Über das Jahr 1552 kann man im dritten Geschichtsband von Agustín Millares Torres folgendes lesen: "Man kann die Hypothese vertreten, dass in jenen Jahren im gesamten Archipel ungefähr 25.000 Einwohner lebten..."[90]

Wie man sieht, ist dieses nur eine Hypothese, doch darf man annehmen, dass die Einwohnerzahl nicht viel grösser war. Zu dieser Zeit gab es keine Volkszählungen, und man kann hierüber einiges, doch nicht alles, durch die Register in Erfahrung bringen.

Zunächst muss man bedenken, dass um das Jahr 1522 eine grosse Anzahl Eingeborener als Rebellen weiterleben konnte, denn wie schon erwähnt, brauchten diese Menschen Jahrzehnte, um sich als freie Menschen in die neue Gesellschaft einzugliedern. Die Siedler waren auch nicht übermässig daran interessiert, die Zahl der Freien Guanchen in den höher gelegenen Gebieten zu kennen.

Durch die Kolonisierung von Amerika gab es für die Kanarischen Inseln einige Änderungen. Zunächst hörte weitgehend die spanische Kolonisation auf, und es kamen Portugiesen, da wegen der ausserordentlichen Fruchtbarkeit des amerikanischen Kontinents die Spanier die Gelegenheit nicht verpassen wollten, dahin zu segeln, um ihr Glück zu versuchen. Der Reichtum der Kanarischen Inseln war schon verteilt und er reichte nicht, um den Kindern der Siedler gleichen Wohlstand zu sichern. Die Auswanderung zum neuen Kontinent muss gross gewesen sein. Diese Abenteurer waren zum grössten Teil die Kinder der schon genannten Siedler und dann auch schon die in der Gesellschaft eingegliederten Guanchen.

Zurückblieben die Rebellen und diejenigen, die vom spanischen Festland zurückkehren durften. Diese in der Einsamkeit lebenden Hirten und Rebellen waren nicht die ersten die Amerika kolonisierten, sie setzten ihr ruhiges Leben auf den Inseln fort.

Aus diesen Gründen konnte die kanarische Bevölkerung in diesen Jahren und noch einige Jahre länger recht stabil bleiben. Man sagt, dass im Jahre 1540 etwa 40.000 Einwohner im Archipel lebten.

DIE KANARIER ZU ENDE DES LETZTEN JAHRHUNDERTS

Obwohl die Guanchen, wie erwähnt, sich in die neue Gesellschaft eingliederten, gab es doch immer einige Gruppen, die dafür viele Jahre benötigten.

Fast ein ganzes Jahrhundert nach der Eroberung Teneriffas gab es noch eine Gruppe in Candelaria, die ihre alten Sitten beibehielt. Padre Espinosa kannte sie persönlich und sagt, wenn er über die Dörfer der Insel spricht: "Candelaria und Güímar sind andererseits Orte, wo die wirklichen Guanchen, die übrig geblieben sind, leben, es sind nur wenige, denn sie sind bereits vermischt..." [91]

Viele Sitten haben bis zur heutigen Zeit überlebt; genauer gesagt, nur bis vor einigen Jahrzehnten.

Gegen Ende des letzten Jahrhunderts gab es noch Kanarier, die viele Guanchensitten befolgten.

Zwischen 1885 und 1888 lebte Victor Grau Bassas unter den Menschen auf dem Lande und hat seine Erinnerungen aufgeschrieben.

In Bezug auf Wohnungen schreibt er: "Auf Gran Canaria gibt es zweierlei Arten von Wohnungen: Die eine in Höhlen und die andere in aus Stein und Lehm erbauten Häusern. In den Höhlen gibt es Räume, die entweder schon von den ehemaligen Einwohnern oder neu von den gegenwärtigen Bewohnern ausgebaut worden sind."[92]

Von der Kleidung sagt er: "Die Tuchmütze (montera) ist das unnützeste und unbequemste antike Kleidungsstück, das man kennt es ist bemerkenswert, dass sie trotzdem noch heute benutzt wird."[93] (Der Autor vergleicht sie mit dem Lederhut der Guanchen.)

"Das lange Hemd (el camisón) ist ein gewöhnliches Männerhemd aus landesüblichem Leinen. Diese Hemden sind so lang wie ein Kleid, so dass sie als einzige Bekleidung getragen werden können, ohne die Scham zu verletzen."[94] (Sie ähneln in der Form, doch nicht im Material, den Nachthemden.)

"Es wird wohl in der ganzen Welt wenige so nüchterne Völker geben wie die Kanarier. Denn sie haben Punkt für Punkt die Sitten ihrer Vorfahren weiter befolgt und ähneln in dieser Hinsicht ihren Verwandten, den jetzigen Beduinen."[95]

In allen Speisen ist der Gofio das wichtigste und das unentbehrlichste Nahrungsmittel. Er wird mit Milch oder "tabique" (Molke) angerührt, auch mit Kartoffeln, Suppe (potaje) usw.

Den Tisch deckt man auf einer Palmenmatte, die auch in der ärmsten Hütte nicht fehlt. Man legt ein weisses Tuch darauf, und die ganze Familie setzt sich darum herum: Die Frauen mit überkreuzten Beinen und die Männer ausgestreckt, wobei sie sich auf den linken Ellenbogen stützen."[96]

Auch Dr. R. Verneau war vor einem Jahrhundert auf den Kanarischen Inseln und berichtet, dass er auf seinen Reisen auf allen Inseln dieses Archipels Guanchen-Gesichter gesehen hat.

Wie in den alten Zeiten waren auf Fuerteventura die hochwüchsigsten Menschen aller Inseln anzutreffen. "Die Menschen von Fuerteventura gleichen denen von Lanzarote in ihren Bräuchen und in der Kleidung, doch sie unterscheiden sich in ihrem Aussehen. Es ist nicht selten, auf dieser Insel hochgewachsene Männer, über 1,75 Meter, zu sehen, die wegen ihres Aussehens und wegen ihrer Schädelform sehr den alten Guanchen ähneln."[97]

Hirte von Mogan (Gran Canaria)

Mann von der Insel Hierro, in Sommerkleidung.

Über seiner Reise durch Teneriffa sagt er Folgendes: "Wir gelangten an eine arme aus Trockensteinen erbaute Hütte, wo wir mit der grössten Herzlichkeit aufgenommen wurden. Wir waren im Dorf Anaga... Unser Gastgeber war ein Hirte, einer der Ärmsten mitten in einem verlorenen Winkel der Berge. Doch er besass den Mut und die Grosszügigkeit seiner Guanchen-Vorfahren... Man brauchte seine Einbildungskraft nicht sehr anzustregen, um sich in dem Hause eines Nachkommen der tapferen Hirten von damals zu fühlen. Wenn er auch nicht die Kleidung der alten Guanchen trug, so besass er doch deren Aussehen..." [98]

In Bezug auf die Blonden im Norden von Teneriffa, genau gesagt in San Juan de la Rambla, sagt er uns: "Was mich am meisten erstaunte, als ich zum ersten Mal dort war, war die grosse Anzahl blauäugiger und blonder Menschen. Ihr Wuchs und ihre Statur, alles zeigt uns, dass wir uns bei Nachkommen der Eroberer befinden..." [99]

"In Fasnia waren die Wohnräume in den vulkanischen Tuffstein eingehöhlt, und die Bewohner wohnten genau wie die alten Guanchen... Man findet gastfreundliche Menschen, die zum Teil von den ursprünglichen Inselbewohnern abstammen und die in der Mehrheit ihren Vorvätern ähnlich sehen. Mitte des XVI. Jahrhunderts waren die Spanier kaum weiter westlich als bis Güímar vorgedrungen. Sogar dieser Ort war noch von Guanchen bewohnt, die ein Dorf bevölkerten." [100]

Auf Teneriffa "sehen die Menschen den Bewohnern von Gran Canaria in jeder Beziehung ähnlich, der typische Guanche kommt häufiger vor. ...man sieht so arme Menschen ... sie haben keine Möbel ausser dem, was die alten Guanchen schon hatten." [101]

Über Mogán, Gran Canaria, schreibt er: "Hier leben vor allem Hirten, wenige Europäer haben sich niedergelassen. Man findet viele Menschen hier, die den Ureinwohnern ähnlich sind, deren Gewohnheiten sie auch beibehalten haben.

Die Hirten von Mogán können als Prototyp des kanarischen Hirten bezeichnet werden. Er ist mit einem Hemd aus rauhem Stoff und einer Hose aus dem gleichen Material bekleidet. Letztere hat so weite Hosenbeine, dass sie wie ein Unterrock aussieht, der die Knie nicht bedeckt, dazu eine Weste." [102]

"Die Einwohner von La Gomera sind ein eigentümliches Volk. Sie erinnern uns in ihrem Aussehen und ihren Sitten an ihre Vorfahren vor der Eroberung. Sie sind von kleinem Wuchs, dabei aber behende und kräftig und sie können mit ungeheurer Geschwindigkeit mitten durch die abschüssigen Schluchten rennen. Ihre Schädelform ähnelt der der Guanchen..."[103]

DAS ÜBERLEBEN DER GUANCHEN IN DER GEGENWART

Im vorigen Kapitel konnte man sehen, dass es gegen Ende des letzten Jahrhunderts vor allem auf Gran Canaria noch einige Hirten gab, die eine ähnliche Kleidung trugen wie ihre Guanchen-Vorfahren.

Diego Cuscoy gibt uns in seinem Buch, das im Jahre 1968 veröffentlicht wurde, eine Vorstellung über die Fortdauer der Bräuche bis in unsere Zeit. "Ein Volk wie die Guanchen, das sich vollkommen dem Hüten des Viehs gewidmet hat, muss auf jeden Fall Spuren davon hinterlassen haben."[104]

Der Hirtenberuf erlitt durch die Eroberung und die dadurch hervogerufenen Veränderungen zunächst eine gewisse Störung, doch blieb er erhalten, da er für die Beschäftigung und Ernährung eines grossen Teiles der Inselbevölkerung unersetzlich war... Dies bedeutet, dass der Hirtenberuf auch weiter in den Händen der Guanchen blieb[105]..."

Diese Tätigkeit wurde vor allem "in den Gebieten von Tacoronte, Tegueste und Valle Guerra im Norden, im Tal von Arona und im Tal von Güímar im Süden betrieben. Wichtiger waren die höher gelegenen Weideflächen in den Bergen, vor allem in den Cañadas und auf den Höhen von La Guancha, Icod und Santiago del Teide... Es waren dies offene Flächen, deren Grenzen die Eingeborenen nach der Eroberung zu erhalten versuchten... dies dank einer ununterbrochenen Ausübung des Hirtenberufes bis in unsere Tage."[106]

Neuerdings haben Historiker mit Hilfe der grossen Anzahl von Dokumenten, die es in öffentlichen Archiven gibt, das Überleben der Guanchen bestätigt. Bisher wurde über die Guanchen eher

Stillschweigen bewahrt, mit anderen Worten: vorhandene Informationen wurden nicht veröffentlicht. Offenbar schien es nicht ratsam, dem Volk die Wahrheit zu sagen. Bisher fehlten in den Publikationen über die kanarische Geschichte, die der Inselbevölkerung zugänglich waren, wesentliche Hinweise auf die Vergangenheit. Unbegreiflicherweise sprechen auch heute noch einige Historiker über "Guanchen-Minderheiten", die überlebten. Sie berufen sich dabei auf die eher unsinnigen Akten des Cabildos von Jahre 1515, aus denen hervorgeht, dass es auf der Insel nur noch 600 Guanchen inkl. der Geflohenen gab. Inzwischen gibt es mehr als genügend Beweise dafür, dass diese sogen. Urkunde wertlos ist.

In seinem Werk über die kanarische Geschichte schreibt Agustín Millares Torres, dass auf Fuerteventura ziemlich viele Eingeborene überlebten und auch auf "dem herrschaftlichen, aber noch nicht wiederbevölkerten Gomera trotz Aufständen, Verbannungen und Gefangennahmen, die es dort gab[107]..."- In Bezug auf die anderen Inseln, insbesondere Gran Canaria und Teneriffa, schreibt er, dass ausser den Gruppen die sich ergaben, noch zwei Friedensbünde und eine Gruppe in Tacoronte sowie die Hirten in den einsamen Gegenden weiterlebten.[108]

Der bekannte Professor Rumeu de Armas hat öffentlich gesagt, dass 90 Prozent der kanarischen Bevölkerung Guanchenblut hat. In Hinsicht auf das Verhalten von Lugo meint er: "dass trotz der umwerfenden Sympathie, die die starke und stolze Persönlichkeit des Eroberers von Teneriffa erweckt, die neueste Geschichtsschreibung in seinem Verhalten den Eingeborenen gegenüber zu einer völlig entgegengesetzten Beurteilung kommt: Es war eine romantische Einstellug, die diese Geschehnisse zu vertuschen versuchte, um die grosse historische Bedeutung seines Names zu ehren. So kann aber nicht weiterhin gedacht werden, da die jetzige Bevölkerung von Teneriffa in der Mehrheit aus Mischlingen besteht, also aus Nachkommen der Opfer der Eroberung."[109]

Die Geschichte der Kanarischen Inseln, insbesondere die von Gran Canaria, La Palma und Teneriffa, wurde während der ersten Jahre nach der Eroberung von den Siedlern und deren Nachkommen während langer Zeit entsprechend manipuliert.

Sie gaben eine karge Geschichtsschreibung, indem sie sich nur auf Tatsachen bezogen, wenn auch in ungenauer Weise. Man kann kaum glauben, dass es nicht einen Historiker oder Missionar gab, der sich dafür interessierte, die Geschehnisse jener Zeit zu berichten. Denn wie man sah, stellte ja die Inquisition die Guanchen an den Aussenrand der Gesellschaft, und diese sahen sich gezwungen die eigene Rasse zu verleugnen. Deshalb ist anzunehmen, dass der einzige Grund dafür war, dass es verboten wurde über die Untaten und Überfälle der Siedler zu berichten. Der erste Historiker Teneriffas war Fray Alonso de Espinosa, der fast ein Jahrhundert nach der Eroberung seine Berichte niederschrieb. Bald danach kamen Torriani, Abreu Galindo usw.

Wenn wir eine kleine Analyse machen von allem, was in diesem Buch erwähnt wird, dann können wir die Dinge klarer sehen:

Als erstes, in Bezug auf die kanarische Bevölkerung, sowohl vor als nach der Eroberung und auch nach einigen Jahrzehnten, können wir erkennen, dass annähernd zwei Drittel der Eingeborenen verschwanden. Doch auch so bildeten die Siedler nur eine Minderheit in der Bevölkerung. Beweis hierfür sind die "data" und die Landzuteilungen.

Diese zwei Drittel, die von den Inseln verschwanden, bedeuten aber nicht, dass alle starben, sondern, wie man gesehen hat, dass viele als Sklaven verkauft oder vom ganzen Archipel verbannt wurden. Und da wir wissen, dass es nicht so viele Tausende Todesopfer gab, können wir uns denken, dass es in der Mehrheit verkaufte Sklaven waren. Andererseits kennen wir den Schutz der Krone für die Eingeborenen. Beweise dafür sind die Dienstenthebung des Gouverneurs Pedro de Vera auf Gran Canaria, der Schadensersatz, der von der Señora de Bobadilla gezahlt werden musste und das Gerichtsverfahren gegen Alonso Fernández de Lugo.

Abgesehen von jenen Guanchen, die frei blieben, wurde die Mehrheit der Männer zu Sklaven gemacht. Die Siedler aber wollten nicht auf sie verzichten, da sie sie für die Landwirtschaft und als Hirten brauchten. Im Werk von Manuela Marrero über die Sklaven auf Teneriffa kann man lesen, dass die Anzahl der Guanchen-Sklaven ab 1505 immer niedriger wurde. Von diesem Jahr bis zum Jahre 1510 wurden ungefähr 50 Guanchen-Sklaven verkauft und von 1510 bis 1520 nur etwa 10. Von da an waren die Sklaven, laut der Dokumente Berber, Mauren oder Neger.

So darf man annehmen, dass die vielen Guanchen, die als Rebellen einige Zeit brauchten, um sich der neuen Gesellschaft anzupassen, das Glück hatten auf ihrer Insel zu bleiben, falls sie gefangen wurden, oder an die Siedler der anderen Inseln verkauft wurden.

Dann haben wir noch die Guanchen-Sklaven, die um ihre Rückkehr zu den Inseln kämpften. Vielleicht wünschten viele auf dem Festland zu bleiben, aber andere zogen es vor zurückzukehren. Man hat gesehen, dass Frauen und Kinder von Gran Canaria, sobald sie nur konnten, auf ihre Insel zurückkehrten.

Schliesslich muss man noch die Frauen und Kinder der Guanchen in Betracht ziehen. Waren denn die Spanier wirklich so barbarisch, dass sie alle Kinder, die in den Kämpfen elternlos oder zumindest vaterlos wurden, getötet haben? Das kann nicht sein. Abreu Galindo beschreibt, wie sie diese auf Gran Canaria unter den Siedlern aufteilten. Andererseits hat man gesehen, wie die Spanier in vielen Fällen die Guanchen, die ihnen halfen, gut behandelten. Und was soll man davon halten, dass die Siedler die Kinder ihrer Sklaven nicht zurückhielten, um sie zu ihren späteren Dienern zu erziehen und sie zu bekehren?

Bezüglich der Annahme, dass die Guanchenfrauen wegen der grossen Veränderungen, die sie in Kauf nehmen mussten, Probleme hatten Kinder zu bekommen, muss man sagen, dass auf den Kanarischen Inseln nicht das passierte, was in Amerika geschah. Die meisten Guanchen integrierten sich in wenigen Jahren. Beweis dafür ist die grosse Anzahl von Ehen zwischen Eroberern und Guanchenfrauen. Und wenn diese Veränderungen etwas bewirkt haben, so hatten sie doch keinen Einfluss darauf, dass spanische Frauen auf einige Inseln zogen, wo die ersten Jahre bestimmt für sie voller Sorgen waren.

Die Gomeros, die zu rebellisch waren, die Lebensweise der Siedler anzunehmen und die ihren Herrn Peraza getötet hatten, überlebten trotz der Toten, die es unter ihnen gab und trotz der Misshandlungen, die sie erlitten. Wenn man bedenkt, dass heutzutage die Mehrheit der Gomeros von den Ureinwohnern abstammt, so muss man nicht glauben, dass die anderen Inseln schlechter wegkamen, denn den Berichten zufolge, war La Gomera eine der am meisten ausgeplünderten und ausgebeuteten Inseln gewesen, und sogar Lugo hatte Gelegenheit (durch seine Ehe mit Beatriz de Bobadilla, nach dem Tode ihres ersten Mannes) auf indirekte Weise dort seinen Einfluss auszuüben besonders, wenn man bedenkt, was diese Frau in die Wege leitete, um den Tod Perazas zu rächen.

Tatsache ist, dass die Siedler trotz ihrer Minderheit die Guanchen beherrschten und sie dazu zwangen, ihre alten Bräuche aufzugeben. Es wurde ihnen verboten, in ihrer alten Sprache zu sprechen oder ihre Lederbekleidung zu tragen. Sie wurden gezwungen, in Dörfern und nicht in abgelegenen Plätzen zu wohnen und sie wurden sogar dazu gezwungen, die Keramik so wie in Andalusien herzustellen. Trotzdem bewahrten sie viele Bräuche bis zur Gegenwart, oder, genauer gesagt, bis vor einigen Jahrzehnten.

Auf allen Kanarischen Inseln hat man Dinge wie den gofio, den zurrón (ein Ziegenbalg, in dem man den gofio mischte), die Steinmühle, um den gofio zu mahlen, erhalten, wie auch einige Worte wie z.B. beleté oder tafor (die erste Milch der Ziegen), baifo (Zicklein), gánigo (ein Tongefäss), goro (ein Stall) und andere. Die Hirten waren diejenigen, die das meiste an Sitten und Bräuchen der Guanchen haben erhalten können. Die langen Lanzen, die Art Ziegen zu hüten und sie an den Eutern mit Tabaibamilch einzureiben, damit sie von den Zicklein am Tage nicht gemolken würden, weil diese Flüssigkeit eine Art Gummi bildet. Die Wolldecke von La Esperanza ist dem Tamarco sehr ähnlich, nur, dass sie nicht aus Leder ist. Im Gesang und Tanz findet man auch grosse Guanchen-Einflüsse, so vor allem beim Sirinoque, Trommeltanz, Vivo, Tajaraste und bei der Folía. Die Aussprache der Kanarier erinnert an die sanfte Redeweise der Guanchen. Das Stockfechten wird weiterhin auf ähnliche Art und Weise betrieben, wie es die Guanchen taten. Die Lucha Canaria (Ringkampf) hat ebenfalls vorspanische Wurzeln, obwohl sie sich ziemlich weiterentwickelt hat. Die Gastfreundschaft, Freundlichkeit und die Passivität sind ererbte Eigenschaften der Eingeborenen.

Aus all diesem schliesst man, dass trotz der vielen Todesopfer, Sklaven und allen Wandlungen, die die Guanchenbevölkerung in Kauf nehmen musste, sie doch den Zeitenwandel überlebte und die Rasse am Leben gleblieben ist.

Die körperlichen Merkmale der vor-spanischen Bevölkerung finden sich echter erhalten in den ärmeren Gebieten und in den Bergdörfern. Auf Gran Canaria und Teneriffa kann man dies vor allem im Süden und in den höheren Zonen beobachten. Es ist hier auch die "Kultur der túmulos" an der Nordostküste von Gran Canaria zu erwähnen. Es handelt sich dabei um Menschen mit dunklem Haar, breiter Nase und vollen Lippen, die "einen afrikanischen, jedoch kaum negerhaften Anblick bieten.[110]" Andere Orte, wo der Guanchentyp mehr überwiegt, sind: La Vegueta, Haría, San Bartolomé, Tinajo und Teguise (auf Lanzarote), Tijarafe, Puntagorda und Garafía (auf La Palma) und auf allen Höhen von La Gomera. Obwohl der vorspanische Typ sich auch in den Dörfern der landwirtschaftlichen Gebiete findet, ist er dort nicht so rein geglieben. Nach Frau Dr. Schwidetzky hat auch die Bevölkerung der Vororte der Hauptstädte Guanchenmerkmale, da sie hauptsächlich aus Menschen besteht, die vom Lande in die Städte gezogen sind.

Den Fremden, die auf die Kanarischen Inseln kommen, fällt es nicht schwer, diese körperlichen Merkmale zu erkennen, die die Kanarier von anderen unterscheiden und die nach Dr. Schwidetzky folgende sind: Breite kurze Gesichter, ausgeprägte hohe Wangen, deutliches Kinn, kleine Nase, die mehr breit als hoch und mehr konkav als konvex geformt ist, tiefliegende Augen, wobei die äusseren Augenwinkel höher liegen als die inneren, eher geschwungene als gerade Augenbrauen, die Augen sind hell und das Haar ist dunkel, kräftige Ausbildung des Fingerreliefs... Es gibt auch weniger wichtige Merkmale wie: Grosser Mund, dicke Lippen, grosse und sehr lebendige Augen, grosse und weisse Zähne...

Unter den berühmtesten Forschern und Anthropologen, die die alte Guanchenrasse studiert haben, findet man 1930 R. Verneau, S. Berthelot und Fischer, 1959 Fusté, 1967 Rösing und vor allem 1963 und 1975 Frau Dr. Ilse Schwidetzky. Sie behaupten, dass die alte Guanchenrasse noch heute besteht und lebt, und dass die ausgegrabenen Schädel beim

Vergleich mit denen der Kanarier eine grosse Ähnlichkeit aufweisen. Dr. Wölfel hatte im Jahre 1930 für Teneriffa "die spanische Einwanderung auf ein Drittel der jetzigen Bevölkerung" eingeschätzt. [111]

"Wir begründen unsere Darstellung einmal auf die bisher geheim gehaltenen Quellen der Geschichte, zum anderen auf anthropologische Statistiken und kommen so zur Schlussfolgerung, dass die Guanchenrasse noch immer auf den Kanarischen Inseln überwiegt.

Die Guanchenrasse lebt noch immer im kanarischen Volk! "

Wie alle Überlieferungen wird auch heute noch das Stockfechten ausgeübt, es wird durch die Jahre mündlich vom Vater auf den Sohn überliefert. Ein Beispiel hierfür ist die Famlie «los Verga» in La Esperanza (Teneriffa), die diesen Sport ähnlich wie die Ureinwohner betreiben.

Diese Personen zeigen Guanchenmerkmale, die noch heutzutage zu finden sind, obwohl dies nicht heisst, dass es die reinsten oder die typischsten sind.

Der gomerische «silbo» (Pfeifsprache) ist eine Guanchensprache, die bis heute noch im Gebrauch ist, um sich über grosse Entfernungen zu verständigen.

Diese Einwohner von La Palma haben die Gewohnheit beibehalten, sich ihrer Lanzen zu bedienen, um sich an Berghängen und in Schluchten fortzubewegen. Dies ist auch auf anderen Inseln gebräuchlich.

EPILOG

Elf Jahre sind vergangen, seit ich dieses Buch geschrieben habe. Nach nochmaligem Durchlesen stimme ich mit allem, was ich darin zum Ausdruck brachte, immer noch überein. Ich finde den eher einfachen Stil dem Stoff angepasst, gebe jedoch zu, dass es Absätze gibt, die vom schriftstellerischen Standpunkt gesehen, verbessert werden könnten. In der Form, die 1982 angewandt wurde, ist dieses Buch jedoch auf den Kanarischen Inseln das am meisten anerkannte seiner Art geworden. Sein Erfolg in deutscher und englischer Übertragung ist ebenfalls gesichert. Meiner grossen Leserschar sei dafür Dank und Achtung ausgesprochen. - Das Thema der Geschichte der Guanchen ist vielschichtig und heikel, weswegen ich gezwungen war, häufig Zitate und Texte von verschiedenen Autoren zu verwenden, statt diese Texte zu bearbeiten und als Eigenwerk dem Buch einzuverleiben; ich empfand es als ehrlicher, auf diese Weise vorzugehen.

Die Theorie über die Guanchen hat sich in den letzten Jahren zusehends günstig weiterentwickelt, Zweifel wurden behoben, vor allem wurde anerkannt, dass die Volksgemeinschaft der Guanchen nicht untergegangen ist. Besser noch: dass die die Urbevölkerung keine Minderheit bildete im Verhältnis zur fremden Bevölkerung. Wass allerdings nicht bedeutet, dass es auch heute noch Leute gibt, die dazu beitragen, eine gewisse Verwirrung aufrechtzuerhalten durch angeblich wahre Dokumente oder Verdrehungen der Tatsachen.- Der Leser hat die Möglichkeit, das Museo Canario in Las Palmas oder das Museo Arqueológico in Santa Cruz de Tenerife zu besuchen. Dort kann man die Reste der Ureinwohner sehen und feststellen, dass sie nichts Aussergewöhnliches aufweisen, ihre Gesichtszüge sind noch bei den heutigen Kanariern anzutreffen, obwohl naturgemäss eine Entwicklung nach den radikalen Änderungen durch die Unterwerfung hervorgerufen wurde.- Hinzuzufügen sei noch, dass die kanarischen Bauern, die auf den amerikanischen Kontinent auswanderten, in den standesamtlichen Verzeichnissen der Mestizen jener Länder eingetragen wurden, weil sie diesem Teil der Bewölkerung ähnlich sahen.

Archäologische Grabungen der letzten Jahre haben zur Klärung wichtiger Gesichtspunkte beigetragen. So hat sich gezeigt, dass mindestens 600 Jahre vor Christus auf den Inseln schon menschliche Siedlungen vorhanden waren; ausserdem wurde nachgewiesen, dass die Mallorkiner - als sie Mitte des 13. Jahrhunderts nach Gran Canaria kamen,- ihre Unterkünfte auf Ruinen bauten, die einst aus Stein gebaute Wohnhäuser gewesen und auf Art dieser Insel errichtet worden waren. Laut früheren Berichten hatten diese Häuser schon Türen aus Holz.

Die von Frau Dr. Ilse Schwidetzky in den 60'er und 70'er Jahren unseres Jahrhunderts durchgeführten anthropologischen Studien, die vom Cabildo in Teneriffa veröffentlicht wurden, haben eine wahre Revolution ausgelöst, durch die wissenschaftlichen Angaben über physische Merkmale und Blutgruppen der heutigen Kanarier, die in hohem Mass mit denen der Guanchen übereinstimmen. Ausserdem hat diese Forscherin Klassifizierungen in Bezug auf die cromagnonund mediterranen Rassentypen vorgenommen; wobei sie sich geirrt haben könnte, was aber ihre übrige Forschungsarbeit nicht in Frage stellt.

Die Guanchen-Kultur ist auf unverständliche Art und Weise von einigen Autoren unterschätzt worden. Wenn man die Fähigkeiten und Kenntnisse unserer Vorfahren analysiert - unter Berücksichtigung der Tatsache, dass sie isoliert und ohne Metallvorkommen lebten,- kommt man zu der Schlussfolderung, dass es sich um ein zivilisiertes Volk handelte, von dem man lernen kann und vieles noch anwendbar ist. - Zum besseren Verständnis folgen hier einige Fotos, die es dem Leser erleichtern sollen, seine eigenen Schlussfolgerungen zu ziehen.

Mühlstein (Museo Arqueológico de Santa Cruz de Tenerife)

Gefäss (Museo Canario, Las Palmas)

Tofio - Melkgefäss aus Fuerteventura. (Museo Canario, Las Palmas)

Holznapf von La Gomera (Museo Arqueológico de Santa Cruz de Tenerife)

Gefäss aus gebrannten Ton (Museo Canario, Las Palmas)

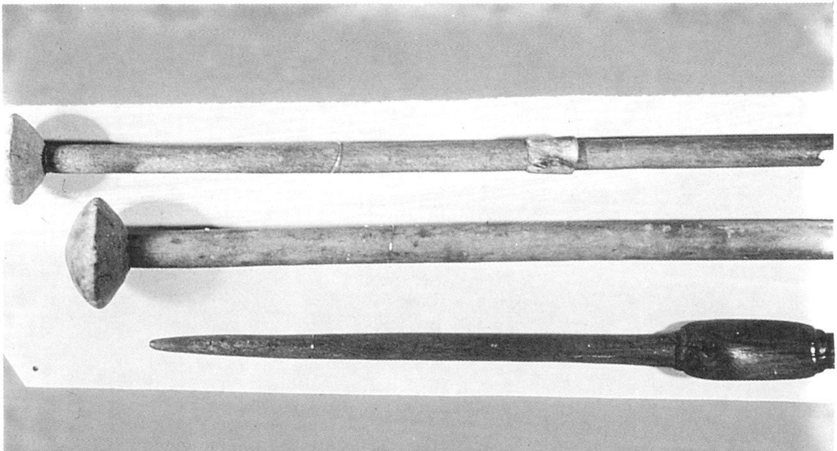

Befehlsstäbe, añepas sowie ein banot (Museo Arqueológico de Santa Cruz de Tenerife)

Schmucksiegel aus Ton (Museo Canario, Las Palmas)

Schmucksiegel aus Ton (Museo Canario, Las Palmas)

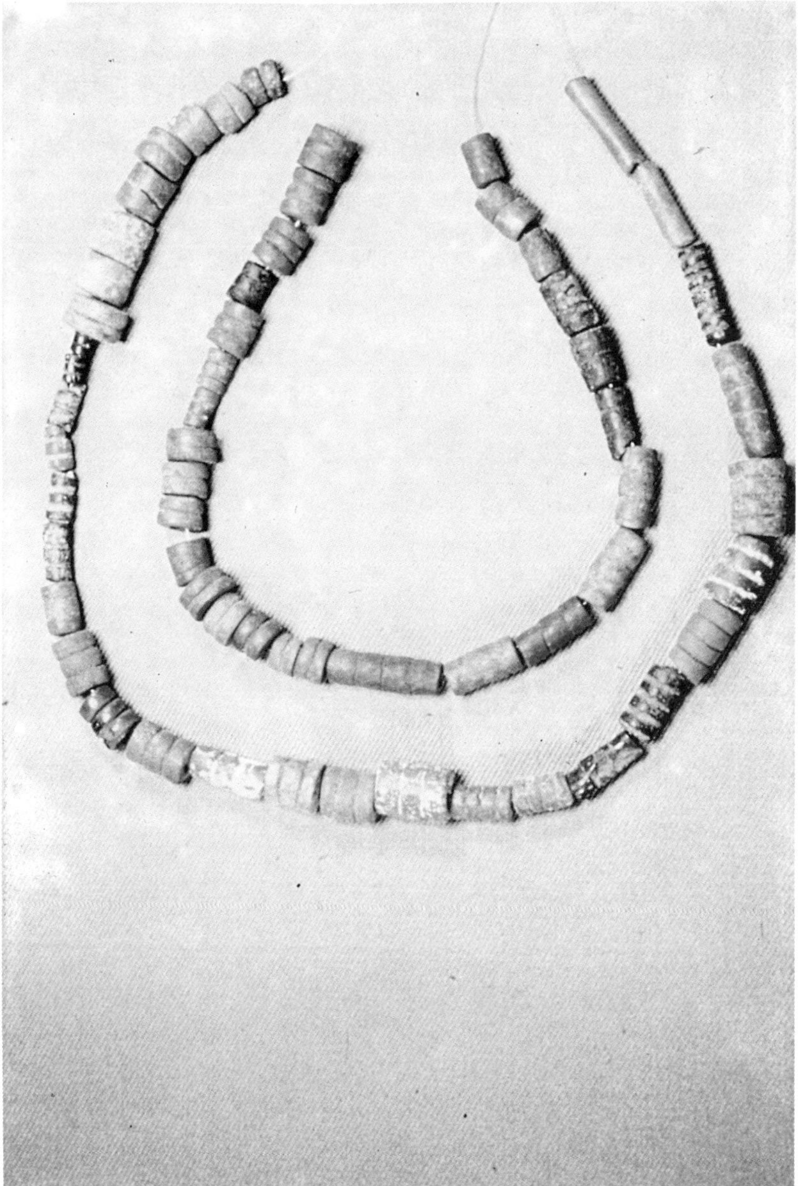

Halsschmuck aus Tonkugeln (Museo Arqueológico de Santa Cruz de Tenerife)

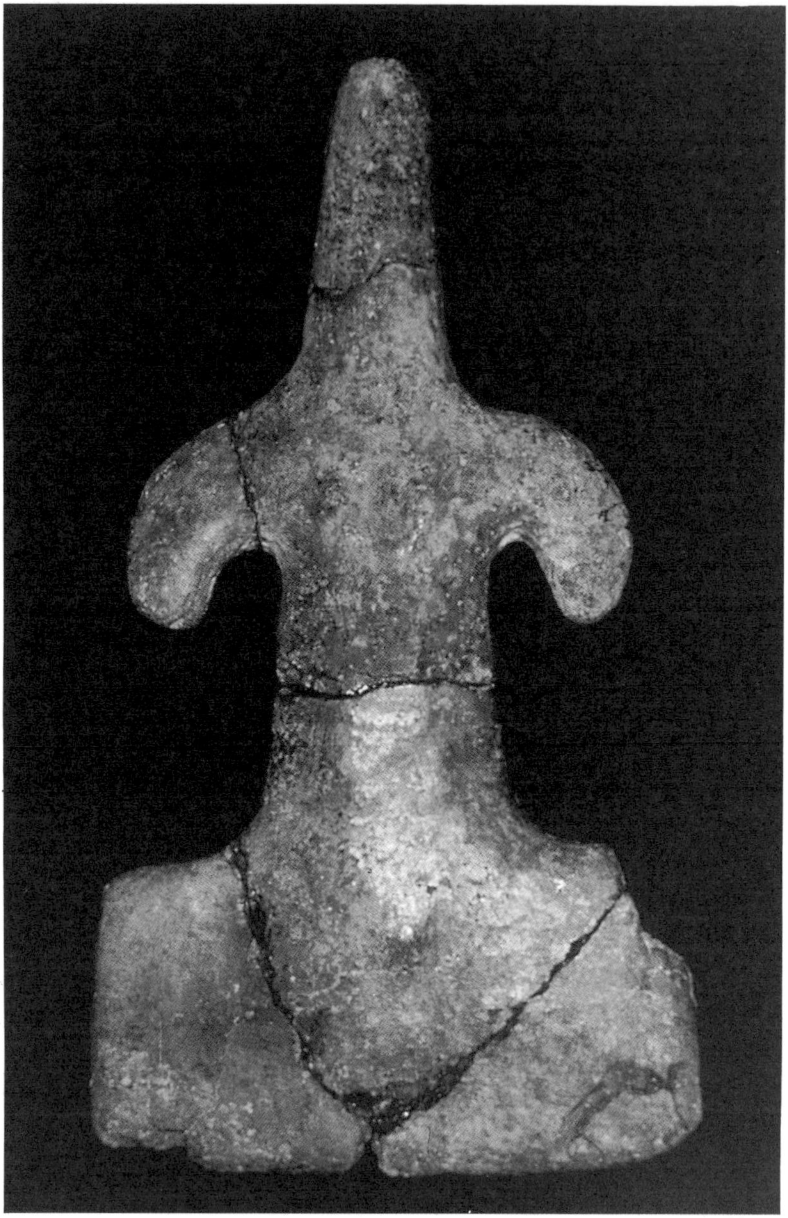

Anthropomorphische weibliche Figur (Museo Canario, Las Palmas)

Sack aus Ziegenleder (Museo Canario, Las Palmas)

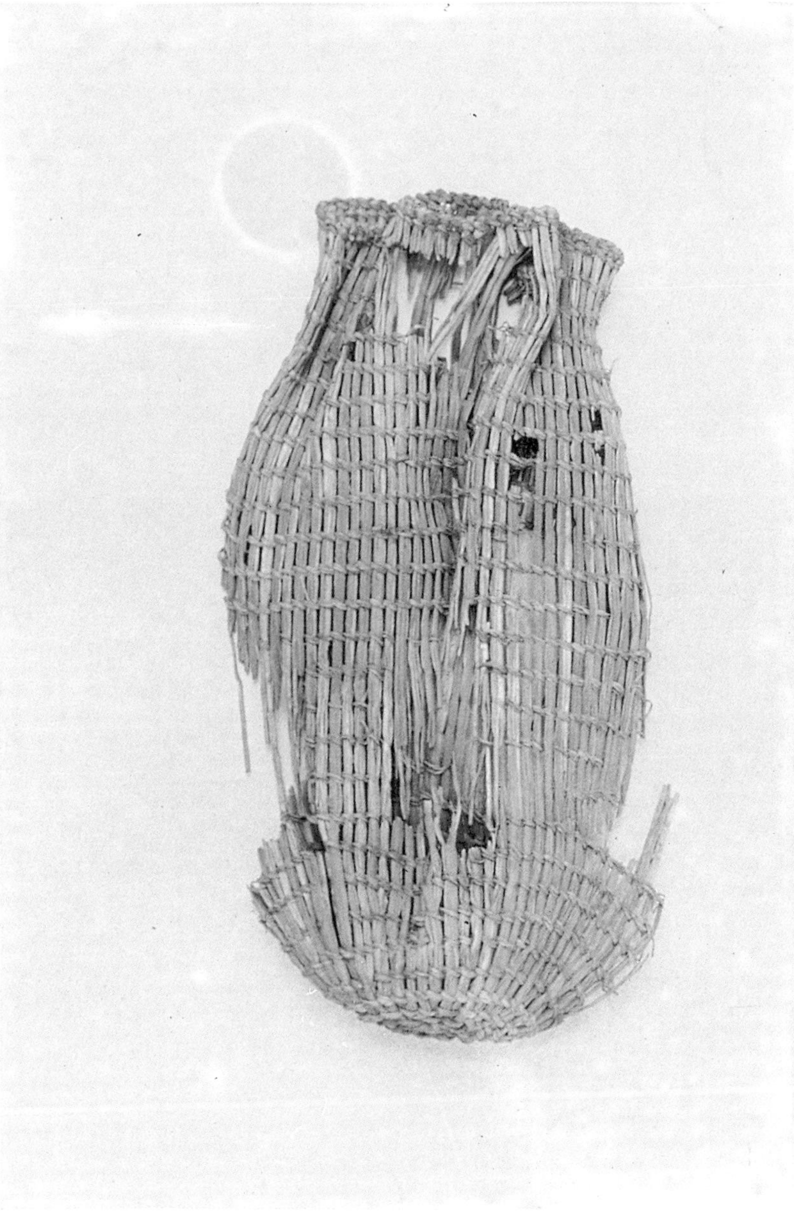

Sack aus Binsen (Museo Canario, Las Palmas)

Vorgeschichtliche Einritzungen. Cueva de Belmaco, Mazo, La Palma

Vorgeschichtliches Dorf. Lanzarote

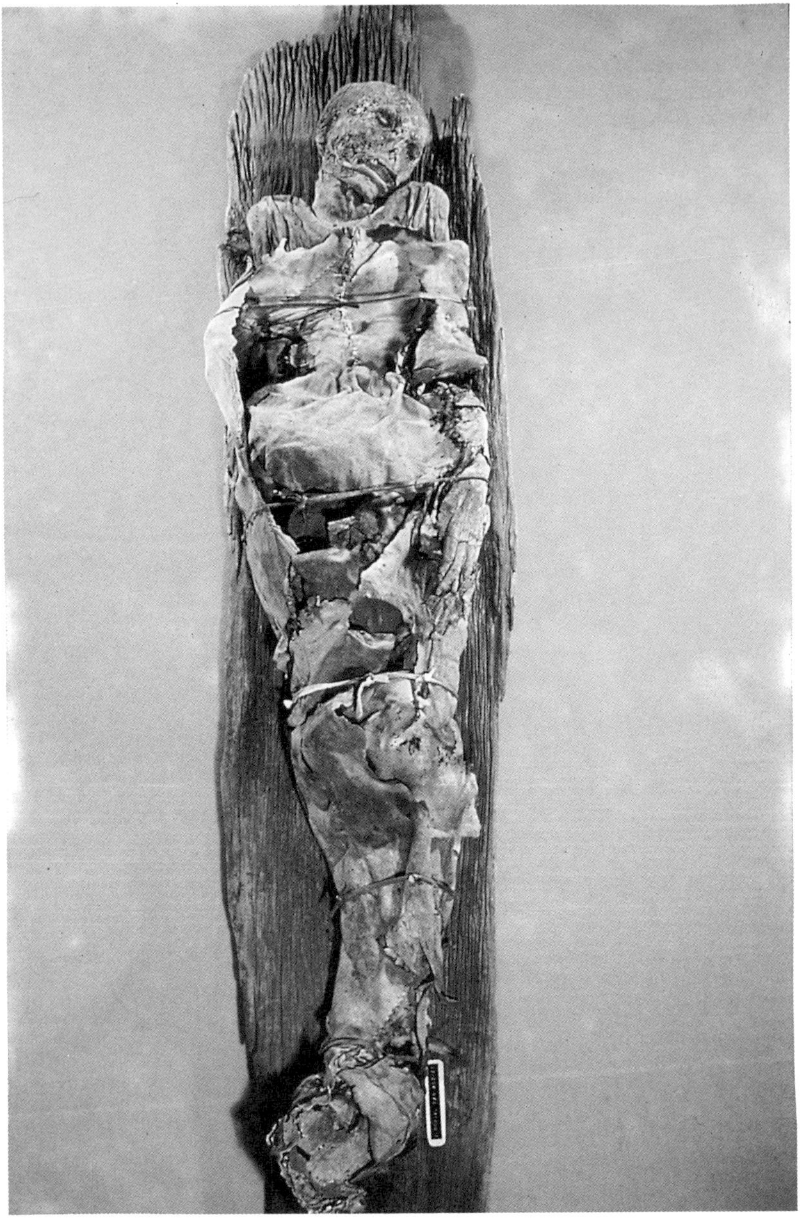

Mumie eines Guanchen (Museo Arqueológico de Santa Cruz de Tenerife)

ANMERKUNGEN

1. Abreu Galindo, «Historia de la Conquista de las siete islas canarias», Seiten 49, 87, 149 und 291.
2. Schwidetzky, «La Población Prehispánica en Investigaciones Antropológicas en las Islas Canarias» Archaeologisches Museum von Santa Cruz de Tenerife, 1963 und 1975.
3. Schwidetzky, aufgefuehrtes Werk.
4. Le Canarien, Kap. LVIII.
5. Espinosa «Historia de Nuestra Señora de Candelaria», Seite 42.
6. Morales Padrón, F. (A. Sedeño) 1978, Seite 371.
7. Torriani «Descripción de las Islas Canarias», Seiten 107-108.
8. Espinosa, aufgefuehrtes Werk, Seite 37.
9. A. Galindo, aufgefuehrtes Werk, Seiten 159 und 269 und Espinosa, aufgefuehrtes Werk, Seite 38.
10. Espinosa, aufgefuehrtes Werk, Seite 38.
11. A. Galindo, aufgefuehrtes Werk, Seite 149.
12. A. Galindo, aufgefuehrtes Werk, Seite 157.
13. Siemens Hernández «La Música en Canarias», Seite 27.
14. A. Galindo, aufgefuehrtes Werk, Seite 155.
15. A. Galindo, aufgefuehrtes Werk, Seite 156.
16. Espinosa, aufgefuehrtes Werk, Seite 46.
17. A. Galindo, aufgefuehrtes Werk, Seite 266.
18. A. Galindo, aufgefuehrtes Werk, Seiten 31-32.
19. Espinosa, aufgefuehrtes Werk, Seite 32.

20. Sabino Berthelot, «Etnografía y Anales de la Conquista de las Islas Canarias», Goya Ediciones 1978, Seiten 150, 151, 152, 158 und 159.
21. González Antón R. y Tejera Gaspar, A. «Los Aborígenes Canarios», Seite 172.
22. González Antón, R. y Tejera Gaspar, A. Aufgefuehrtes Werk, Seite 204.
23. Le Canarien, Seite 134.
24. Millares Torres A. «Historia General de las Islas Canarias», Las Palmas de Gran Canaria, 1975. Band II, Seite 53.
25. «Le Canarien», Seite 43.
26. «Le Canarien», Seite 84.
27. A. Galindo, aufgefuehrtes Werk, Seite 80-81.
28. A. Galindo, aufgefuehrtes Werk, Seite 182.
29. A. Galindo, aufgefuehrtes Werk, Seite 182.
30. Morales Padrón, Gómez Escudero «Historia de la Conquista de Gran Canaria», 1978, Seite 57.
31. A. Galindo, Seiten 199 und 204.
32. Millares Torres A. aufgefuehrtes Werk. Band II, Seite 179. A. Galindo, Seite 211.
33. A. Galindo, aufgefuehrtes Werk, Seite 214.
34. A. Galindo, aufgefuehrtes Werk, Seite 214.
35. A. Galindo, aufgefuehrtes Werk, Seite 228.
36. A. Galindo, aufgefuehrtes Werk, Seite 231.
37. A. Galindo, Seite 234.
38. A. Galindo, aufgefuehrtes Werk, Seiten 267-278.
39. A. Galindo, aufgefuehrtes Werk, Seite 278.
40. A. Galindo, aufgefuehrtes Werk, Seite 286.
41. Espinosa, aufgefuehrtes Werk, Seite 96.
42. Rumeu de Armas, A. «La Conquista de Tenerife», Seite 186.
43. Rumeu de Armas, A., Aufgefuehrtes Werk, Seite 254.
44. Espinosa, aufgefuehrtes Werk, Seite 109.
45. Espinosa, aufgefuehrtes Werk, Seiten 96-97.
46. Rumeu de Armas, A. «La Política Indigenista de Isabel la Católica, Seiten 29 und 30.
47. Rumeu de Armas, A., aufgefuehrtes Werk, Seite 82.
48. Rumeu de Armas, A., aufgefuehrtes Werk, Seite 97 und 88.
49. Rumeu de Armas, A., aufgefuhertes Werk, Seiten 94 und 95.
50. Serra Rafols y Leopoldo de la Rosa «Fontes Rerum Canarium IV, Seite 68.
51. Serra Rafols y Leopoldo de la Rosa, aufgefuehrtes Werk, Seite 27.
52. Serra Rafols y Leopoldo de la Rosa, aufgefuehrtes Werk, Seite 68.
53. Serra Rafols y Leopoldo de la Rosa, aufgefuehrtes Werk, Seite 92.
54. Rumeu de Armas «La Política Indigenista de Isabel la Católica», Seite 62.
55. Millares Torres, A., aufgefuehrtes Werk, Band III, Seite 127.
56. Wölfel D. «La Curia Romana y la Corona de España en defensa de los aborígenes canarios», Seite 1.062.
57. A. Galindo, Seite 239.
58. A. Galindo, Seiten 179, 224, 226 und 227.
59. A. Galindo, Seite 231.

60. Rumeu de Armas «La política Indigenista de Isabel la Católica», Seite 288.
61. Jiménez Sánchez, S. «Primer repartimiento de tierra y agua de Gran Canarias», 1936.
62. A. Galindo, Seite 325.
63. Serra Rafols, Elías. «Las Datas de Tenerife», 1978.
64. Wölfel, aufgefuehrtes Werk, Seiten 1.058 und 1.060.
65. Wölfel, aufgefuehrtes Werk, Seiten 1.020 und 1.051.
66. Wölfel, aufgefuehrtes Werk, Seiten 1.022, 1.061 und 1.062.
67. Rumeu de Armas, «La Política Indigenista de Isabel la Católica», Seite 61.
68. Rumeu de Armas, aufgefuehrtes Werk, Seite 70.
69. Rumeu de Armas, «La Política Indigenista de Isabel la Católica» Seiten 88-89.
70. Rumeu de Armas, aufgefuehrtes Werk, Seite 90.
71. Rumeu de Armas, aufgefuehrtes Werk, Seite 92.
72. Rumeu de Armas, 93.
74. Rumeu de Armas, aufgefuehrtes Werk, Seite 107.
75. Rumeu de Armas, «La Política Indigenistas de Isabel la Católica», Seite 111.
76. Rumeu de Armas, «La Política Indigenista de Isabel la Católica», Seite 97.
77. Rumeu de Armas, aufgefuehrtes Werk, Seite 97.
78. Rumeu de Armas, aufgefuehrtes Werk, Seite 97.
79. Fontes Rerum Canariarum IV, Seite 92.
80. Rumeu de Armas, aufgefuehrtes Werk, Seite 97.
81. Rumeu de Armas, «La Política Indigenista de Isabel la Católica», Seite 62.
82. Manuela Marrero, «La Esclavitud en Tenerife a través de la conquista», Seite 82.
83. Manuela Marrero, aufgefuehrtes Werk, Seiten 88-89.
84. Manuela Marrero, aufgefuehrtes Werk, Seite 104.
85. Manuela Marrero, «La esclavitud en Tenerife y a través de la conquista», Seite 101.
86. Manuela Marrero, aufgefuehrtes Werk, Seiten 102, 103 und 104.
87. Millares Torres, A. «Historia General de las Islas Canarias», Band III, Seite 190. Siehe Millares Torres A. in «Historia de la Inquisición de las Islas Canarias.
88. Millares Torres, A., aufgefuehrtes Werk, Band III, Seiten 190-191.
89. Espinosa, aufgefuehrtes Werk, Seite 45.
90. Millares Torres, A. «Historia General de las Islas Canarias», Band III, Seite 130.
91. Espinosa, aufgefuehrtes Werk, Seite 125.
92. Victor Grau Basas, «Usos y costumbres de la población campesina de Gran Canaria» (1855-1888), Seite 13.
93. Victor Grau Basas, aufgefuehrtes Werk, Seite 17.
94. Victor Grau Basas, aufgefuehrtes Werk, Seite 17.
95. Victor Grau Basas, aufgefuehrtes Werk, Seite 27.
96. Victor Grau Basas, aufgefuehrtes Werk, Seite 29.

97. Verneau, «Cinco años de estancia en las Islas Canarias, Seite 157.
98. Verneau, aufgefuehrtes Werk, Seiten 204-205.
99. Verneau, aufgefuehrtes Werk, Seite 218.
100. Verneau, aufgefuehrtes Werk, Seite 226.
101. Verneau, aufgefuehrtes Werk, Seite 234.
102. Verneau, aufgefuehrtes Werk, Seite 172.
103. Verneau, aufgefuehrtes Werk, Seite 238.
104. Diego Cuscoy, «Los Guanches», Seite 223.
105. Diego Cuscoy, «Los Guanches», Seite 223.
106. Diego Cuscoy, «Los Guanches», Seite 224.
107. Millares Torres A. «Historia General de las Islas Canarias», Band III, Seite 127.
108. Millares Torres, A., aufgefuehrtes Werk, Seite 127.
109. Rumeu de Armas, «La conquista de Tenerife», Seite 115.
110. Ilse Schwidetzky, «Investigaciones antropológicas en las Islas Canarias», 1975, Seite 92.
111. Schwidetzky, «Investigaciones antropológicas en las Islas Canarias, 1975, Seite 73.

LITERATUR-NACHWEIS

-ABREU GALINDO, J. "Historia general de las Siete Islas Canarias". Goya Ediciones, S/C de Tenerife, 1977.

-ALMAGRO, M. "El arte rupestre del Africa del Norte en relación con la rama norteafricana de Cro-Magnon". Anuario de Estudios Atlánticos, Madrid, 1969.

-ALONSO, M.R. "El poema de Viana", Madrid, 1952.

-ALVAREZ DELGADO, J. "La conquista de Tenerife. Un reajuste de datos hasta 1496". Revista de Historia. La Laguna de Tenerife.

"Los aborígenes canarios ante la lingüística". Atlantis, Madrid, 1941.

"Inscripciones líbicas de Canarias. Ensayos de interpretación". La Laguna, 1964.

"Analogías Arqueológicas canario-africanas". Revista de Historia Canaria, 1967.

-ANUARIO DE ESTUDIOS ATLANTICO I, 1955.

-AZURARA, G. "Crónica do descobrimiento e conquista de Guiné". Edición Carreira-Santaren, Paris, 1841.

-BERTHELOT, S. "Etnografía y anales de la conquista de las Islas Canarias". Goya Ediciones. S/C de Tenerife, 1978.

-BLANCO MONTESDEOCA, J. "Breve noticia histórica de las Islas Canarias". Edición 1976. Excmo. Cabildo Insular de G. Canaria.
-BONTIER Y LE VERRIER. "Le Canarien". Instituto de Estudios Canarios. La Laguna - Las Palmas, 1960.
-BOSCH MILLARES, J. "La medicina canaria en la época prehispánica". Anuario de Estudios Atlánticos, 1962. Madrid - Las Palmas.
"Paleopatología ósea de los primitivos pobladores de Canarias". Cabildo Insular de G. Canaria, 1975.
-BRAVO, T. "Geografía de Canarias". Goya Ediciones, S/C de Tenerife, 1954.
-CIORANESCU, A. "Historia de Santa Cruz de Tenerife". Servicio de Publicaciones de la Caja General de Ahorros de S/C de Tenerife, 1977.
"Juan de Bethencourt". Aula de Cultura de Tenerife, 1982.
-COELLO GOMEZ - RODRIGUEZ GONZALEZ - PARRILLA LOPEZ. "Protocolos de Alonso Gutiérrez" (1522-1525). Aula de Cultura del Cabildo Insular de Tenerife, en colaboración con el Instituto de Estudios Canarios. S/C de Tenerife, 1980.
-CORTES, V. "La conquista de las Islas Canarias a través de la venta de esclavos en Valencia". Anuario de Estudios Atlánticos, 1955.
-CHIL Y NARANJO. "Estudios históricos, climatológicos y fitopatológicos de las Islas Canarias". Las Palmas de G. Canaria, 1876.
-DARIAS Y PADRON. "Historia de la religión en Canarias". Editorial Cervantes, S/C de Tenerife, 1957.
-DEL ARCO AGUILAR, C. "El enterramiento canario prehispánico". Complemento de la Historia General de Canarias de Agustín Millares Torres, 1975.
-DE LA ROSA OLIVERA, I. "Vecindario de la Ciudad de S. Cristóbal de La Laguna en el s. XVI". La Laguna, 1949.
"Notas sobre los Reyes de Tenerife y sus familias". Revista de Historia. La Laguna de Tenerife.
-DE LA ROSA OLIVERA Y SERRA RAFOLS. "Acuerdos del Cabildo de Tenerife" (1508-1513). Fontes Rerum Canariarum V. La Laguna de Tenerife, 1952.
"Acuerdos del Cabildo de Tenerife" (1514-1518). Fontes Rerum Canariarum XII. La Laguna de Tenerife, 1965.

"El Adelantado D. Alonso de Lugo y su Residencia por Lope de Sosa". Fontes Rerum Canariarum III. La Laguna de Tenerife, 1949.

"Proceso de Reformación del Repartimiento de Tenerife". Fontes Rerum Canariarum VI. La Laguna de Tenerife, 1953.

-DIEGO CUSCOY, L. "Armas de los primitivos canarios". Aula de Cultura del Cabildo de Tenerife, 1968.

"Los Guanches". Museo Arqueológico, S/C de Tenerife, 1968.

"Los molinos de mano". Revista de Historia, La Laguna de Tenerife, 1950.

"Notas para una historia de la antropología canaria". Complemento de la Historia General de Canarias de Agustín Millares Torres, 1975.

-ESPINOSA, A. "Historia de Nuestra Sra. de Candelaria". Goya Ediciones, S/C de Tenerife, 1967.

"Fontes Rerum Canariarum". Instituto de Estudios Canarios. El Museo Canario. La Laguna - Las Palmas, 1959. (Varios tomos).

-FUSTE ARA, M. "Algunas observaciones acerca de la antropología de las poblaciones prehispánicas actuales de G. Canaria". Revista El Museo Canario, 1958-1959.

-GARCIA MARQUEZ, F. "Almogarens y Goros" Una construcción aborígen en la montaña de Tauro. (G. Canaria). Anuario de Estudios Atlánticos, 1968.

-GOMEZ ESCUDERO, P. "Historia de la conquista de G. Canaria". El Museo Canario, 1978.

-GONZALEZ ANTON, R. - TEJERA GASPAR, A. "Los aborígenes canarios". Secretariado de publicaciones Universidad de La Laguna, 1981.

-GONZALEZ YANES Y MARRERO RODRIGUEZ. Protocolos de Hernán Guerra". Fontes Rerum Canariarum VII, La Laguna de Tenerife, 1958.

-GUERRA CABRERA, P. "Los guanches del Sur de Tenerife". Colección de Historia del Centro de la Cultura Popular Canaria (CCPC). La Laguna, 1980.

-GRAU BASSAS, V. "Usos y costumbres de la población campesina de Gran Canaria" (1885 - 1888). El Museo Canario, 1980.

-HERNANDEZ GARCIA, J. "Algunos aspectos de la emigración de las Islas Canarias a Hispanoamérica en la segunda mitad del S. XIX" (1840-1895). Bohlau Verlag, 1976.

-HERNANDEZ PEREZ, M. "Contribución a la carta arqueológica de la Isla de La Palma". Anuario de Estudios Atlánticos. Madrid, 1972.
"Pinturas y grabados rupestres en el Archipiélago Canario". Complemento de la Historia General de Canarias de Agustín Millares Torres, 1975.
-JIMENEZ DE GREGORIO. "La población de las Islas Canarias en la segunda mitad del s. XVIII". Anuario de Estudios Atlánticos.
-JIMENEZ SANCHEZ, S. "La prehistoria de G. Canaria". Revista de Historia, La Laguna, 1945.
-LADERO, M.A. "Estructura económica de Canarias a comienzos del s. XVI". Revista Campus, Nº 0.
-LOPEZ HERRERA, S. "Las Islas Canarias a través de la Historia". Madrid, 1972.
-MARIN Y CUBAS, T. "Historia de las Siete Islas Canarias". 1964.
-MARTIN SOCAS, D. "Etnología aborígen de Lanzarote y Fuerteventura". Complemento de la Historia General de Canarias de Agustín Millares Torres, 1975.
-MARRERO RODRIGUEZ, M. "Protocolos del escribano Juan Ruiz de Berlanga". Fontes Rerum Canariarum XVIII. La Laguna de Tenerife, 1974.
"La esclavitud en Tenerife a raiz de la conquista". Instituto de Estudios Canarios. La Laguna de Tenerife, 1966.
-MILLARES TORRES, A. "Historia General de las Islas Canarias". Complementada con elaboraciones actuales de diversos especialistas. Las Palmas de G. Canaria, 1975. Tomos I, II y III.
"Historia de la inquisición en las Islas Canarias". Anuario de estudios medievales. Editorial Benchomo 1981.
-MORALES PADRON, F. "Canarias en América y América en Canarias". Revista de Estudios Americanos. Sevilla, 1956.
-NATURA Y CULTURA DE LAS ISLAS CANARIAS. S/C de Tenerife, 1979. Tercera Edición.
-NAVARRO ARTILES, F. "Teberite, diccionario de la lengua aborígen canaria". Las Palmas de Gran Canaria, 1981.
-NUÑEZ DE LA PEÑA, J. "Conquista y antigüedades de las islas de la Gran Canaria...". Santa Cruz de Tenerife, 1847.
-PERAZA DE AYALA, J. "Juan de las Casas y el Señorío de Canarias". Revista de Historia. La Laguna de Tenerife.

"El Régimen comercial de Canarias con las Indias en los s. XVI, XVII y XVIII". Universidad de La Laguna. Facultad de Filosofía y Letras, 1952.
-PEREZ VOITURIEZ. "Problemas jurídicos-internacionales de la conquista de Canarias". Universidad de La Laguna. Secretariado de Publicaciones, 1958.
-PEREZ DE BORRADAS, J. "Estado actual de las investigaciones prehistóricas sobre Canarias". Las Palmas de G. Canaria, 1939. El Museo Canario.
-RUMEU DE ARMAS, A. "Alonso de Lugo en la Corte de los Reyes Católicos". Biblioteca Reyes Católicos. Madrid, 1952.
"La política indigenista de Isabel la Católica". Instituto Isabel la Católica de Historia Eclesiástica, Valladolid, 1969.
"La Conquista de Tenerife". Aula de Cultura de Tenerife, 1975.
"Piratería y ataques navales contra las Islas Canarias". C.S.I.C., Madrid, 1945.
-SCHWIDETZKY, I. "La población prehispánica de las Islas Canarias". Museo Arqueológico. S/C de Tenerife, 1963.
"Investigaciones antropológicas en las Islas Canarias". Museo Arqueológico, S/C de Tenerife, 1975.
-SEDEÑO, A. "Historia de la conquista de G. Canaria". Galdar, 1936.
-SERRA RAFOLS, E. "La Arqueología Canaria". La Laguna de Tenerife, 1918.
"La navegación primitiva en los mares de Canarias". Revista de Historia, La Laguna, 1957.
"El Adelantado Alonso de Lugo". A. C. de Tenerife.
"I Redescubrimiento de las Islas Canarias en el s. XIV". La Laguna de Tenerife, 1961.
"Acuerdos del Cabildo de Tenerife" (1497-1508). Fontes Rerum Canariarum IV. La Laguna de Tenerife, 1949.
"Los portugueses en Canarias". Discurso inaugural en la Universidad de S. Fernando de La Laguna, 1941-42.
"Las Datas de Tenerife". Instituto de Estudios Canarios. La Laguna de Tenerife, 1978.
-SERRA RAFOLS Y DE LA ROSA OLIVERA. "Los reinos de Tenerife". La Laguna, 1945.
"Acuerdos del Cabildo de Tenerife" (1497-1507) - (1508-1513) - (1514-1518) - (1518-1525). Colección Fontes Rerum Canariarum, I.C.E.

-SIEMENS HERNANDEZ, L. "La música en Canarias". El Museo Canario. Las Palmas de G. Canaria, 1977.

"La música aborígen". Complemento a la Historia General de Canarias de Agustín Millares Torres, 1975.

los aborígenes canarios», Anthropos XXV. Viena, 1930.

«Los esclavos guanches en la isla de Madeira». Periódico La Provincia. Las Palmas de Gran Canaria, 12-VIII-1983,

-TORRIANI, L. "Descripción de las Islas Canarias". Ed. Goya, S/C de Tenerife, 1959.

-TRUJILLO CABRERA, J. "Episodios gomeros del siglo XV". Ed. Gráficas de Tenerife, 1969.

-VERNEAU, R. "Cinco años de estancia en las Islas Canarias". Ediciones J.A.D.L. La Orotava, Tenerife, 1981.

-VIANA, A. "Antigüedades de las Islas Afortunadas de la Gran Canaria". La Laguna, 1968.

"Conquista de Tenerife y aparescimiento de la ymagen de Candelaria". Edición por Alejandro Cioranescu. Aula de Cultura de Tenerife, 1968.

-VIERA Y CLAVIJO, J. "Noticias de la Historia General de las Islas Canarias". Goya Ediciones, S/C de Tenerife, 1967. Sexta Edición.

-YANES CARRILLO, A. "Cosas viejas de la mar". J. Régulo, Editor. S/C de La Palma, 1953.

-WOLFEL. "Un jefe de tribu gomera y sus relaciones con la Curia Romana". Investigación y Progreso. Madrid, 1930.

"La Curia Romana y la Corona de España en la defensa de los aborígenes canarios". Anthropos XXV. Viena, 1930.

BIOGRAPHIE

José Luis Concepción wurde am 15 April 1948 in Breña Alta auf La Palma geboren. Nach dem Schlussabschluss studierte er Musik und betätigte sich danach in der Musikgruppe seines Heimatortes. Als Berufstätiger bereitete er sich in Abendkursen auf das Abitur vor.

Mit 18 Jahren emigrierte er nach England, wo er zehn Jahre lebte. Während dieser Zeit arbeitete er zunächst im Gaststätten-gewerbe, studiertek Englisch und andere Sprachen und war zuletzt Versicherungsvertreter.

Mit 28 Jahren kehrte er nach Teneriffa zurüch und wurde in einer Privatschule Lehrer für Englisch; später auch Reiseleiter.

Unter den vielen Büchern, die er veröffentlicht hat wurden typisch kanarische küche sowie "Canarische Insel - Garten im Atlantik" ins Deutsche übertragen. Weiter Buchtitel des Autors sind: "Costumbres, tradiciones y remedios medicinales canarios", "Nombres propios guanches", und "Arquitectura y diseño del hogar ideal canario".

Im April 1984 gründete er die "Asociación Cultural de las Islas Canarias" und seit 1986 hat er über Radio ECCA verschiedene Kulturprogramme in der Reihe Die Kanarischen Inseln und ihre Menschen vorgestellt.

1988 begann er an der Universität Erdkunde und Geschichte zu studieren; 1991 schloss er das Geschichtsstudium ab.